Christoph Eichhorn

Souverän
durch Self-Coaching

Ein Wegweiser nicht nur für Führungskräfte

Mit 6 Abbildungen

Vandenhoeck & Ruprecht
in Göttingen

Die Deutsche Bibliothek – CIP-Einheitsaufnahme

Eichhorn, Christoph:
Souverän durch Self-Coaching: ein Wegweiser nicht nur für Führungskräfte /
Christoph Eichhorn. – Göttingen : Vandenhoeck & Ruprecht, 2001
ISBN 3-525-49004-6

Umschlagabbildung:
Das Schachspiel wurde freundlicherweise vom *Design Depot*,
Göttingen, zur Verfügung gestellt.

Satz: Satzspiegel, Nörten-Hardenberg
Druck- und Bindearbeiten: Hubert & Co., Göttingen

Inhalt

Vorwort

An einem heißen Tag im August läutete mein Telefon und es meldete sich Frau Maria Akhavan-Hezavei. Sie hatte meinen Artikel zum Thema »Mentale Stärke für souveränes Agieren« gelesen und fragte an, ob ich ein Buch zu diesem Thema schreiben würde.

Jetzt gab es nur noch ein Hindernis: Ich selbst. Ich hatte mir nämlich am Ende meines Studiums geschworen, nie wieder eine größere Arbeit zu schreiben. Und das kam so: Je länger ich an meiner Diplomarbeit schrieb, desto weniger schien ich fertig zu werden. Es kostete mich täglich eine Riesenüberwindung, wenigstens eine Stunde daran zu arbeiten. Schließlich ging ich auch nicht mehr zur Universität. Erst als mich der betreuende Professor über Bekannte suchen ließ, gab ich mir noch einmal einen Ruck und beendete die Arbeit mit, wie mir schien, letzter Kraft. Im Lauf der nächsten fünf Jahre nahm ich kein wissenschaftliches Fachbuch mehr in die Hand.

All diese Erinnerungen und die damit verbundenen negativen Emotionen waren nach diesem Telefonat mit einem Schlag wieder präsent. Wäre das Angebot aber nicht auch sehr verlockend gewesen, hätte ich das Ganze auf sich beruhen lassen können. Aber so geriet ich in einen erheblichen inneren Konflikt.

Nach vierzehn Tagen hatte ich das Problem gelöst. Die in diesem Buch beschriebenen Methoden spielten dabei eine wichtige Rolle. Nach einer gewissen Eingewöhnungsphase gefiel mir die Arbeit am Manuskript immer besser.

Dieses Buch gliedert sich in drei Teile. Teil 1 vermittelt Ihnen einen Überblick über Entspannung und Self-Coaching. Das Thema Self-Coaching wird in der Öffentlichkeit auch unter dem Stichwort Mentaltraining diskutiert. Dabei finden sich häufig zahlreiche Vorurteile und unglaubliche Übertreibungen, die aber viele Menschen faszinieren. Der unkritische und oberflächliche Umgang mit diesen Methoden birgt allerdings auch Gefahren, die im Kapitel »Was Self-Coaching nicht ist und nicht sein will« beschrieben werden. Damit Sie Ihr Training auf einer vernünftigen Basis aufbauen können, kommt einer realistischen Erwartungsklärung erste Priorität zu. Darüber informiert Sie das Kapitel »Erwartungsklärung und Zieldefinition«.

Entspannung ist eine der wichtigsten und am besten untersuchten therapeutischen Methoden. Ihre vielfältigen positiven Auswirkungen sind hervorragend belegt. Sie findet von der medizinischen Therapie bis hin zum Managementtraining immer mehr Verbreitung. In Teil 2 finden Sie Anregungen für verschiedene Entspannungsübungen und eine Zusammenfassung der wichtigsten wissenschaftlichen Ergebnisse über ihre positiven Wirkungen.

Der dritte Teil »Self-Coaching« bietet Ihnen ein reichhaltiges Menü an Methoden an, die auf die Stärkung Ihrer mentalen Fähigkeiten abzielen. Und so, wie Sie sich in einem gemütlichen Restaurant beim Lesen der Speisekarte entspannt zurücklehnen und unter den angebotenen Menüs dasjenige aussuchen, das Ihnen am meisten zusagt, können Sie unter den hier angebotenen Self-Coaching-Modulen zunächst dasjenige auswählen, das sie besonders anspricht. Zu einem späteren Zeitpunkt möchten Sie sicherlich auch die anderen ausprobieren.

In diesem Teil des Buchs finden Sie die meisten Fallbeispiele, die Sie an der Überschrift »Aus der Praxis« erkennen. Eine Zusammenfassung wichtiger Forschungsergebnisse zu dem zuvor im Text angesprochenen Thema liefern die mit »Aus der Forschung« überschriebene Absätze.

Die Entstehung dieses Buchs ist eng mit Frau Maria Akhavan-Hezavei verbunden, bei der ich mich für ihr Engagement und ihre Unterstützung ganz besonders bedanken möchte. Wichtige Beiträge, Unterstützung und Ermutigung durfte ich von Frau Dr. Ute Gräber-Seißinger, Herrn Ulrich Kleiber, Herrn Dr. Joachim Duttenhofer, Frau Gisela Gloger und Frau Hildegard Kochenburger erfahren.

Von den fachlichen Beiträgen, die mich besonders inspiriert haben, möchte ich diejenigen zweier großer Lehrer herausgreifen, die mich persönlich sehr beeinflußt haben: Dr. Brian Alman vom Milton Erickson Institut in San Diego, USA, dessen Selbsthypnoseseminar mir noch so lebendig in Erinnerung ist, als sei es erst gestern gewesen, und Dr. Gunther Schmidt, Leiter des Milton Erickson Instituts Heidelberg, dessen rhetorische Brillanz und achtsame Haltung mich immer wieder tief beeindruckten.

Die männliche Form der Ansprache habe ich ausschließlich deshalb gewählt, um eine flüssige Lektüre zu gewährleisten.

Christoph Eichhorn

Teil I | Grundlagen von Entspannung und Self-Coaching

Warum es sich lohnt, mit diesem Buch zu arbeiten

Dies ist ein Trainingsprogramm, das es Ihnen ermöglicht, die Weiterentwicklung Ihrer Lernfähigkeit gezielt in die Hand zu nehmen. Sein Ansatzpunkt ist die Entwicklung von Gedanken, die Zuversicht, Kraft und Stärke fördern, um berufliche Herausforderungen erfolgreich angehen zu können. Im Zusammenhang mit Entspannung spricht das Programm aber alle zentralen Dimensionen unseres Menschseins an. Dabei geht es neben beruflichen auch um private Herausforderungen.

Aus der Praxis: Den beruflichen Kurs neu bestimmen

Herr Schnieder, Direktor der Entsorgungsbetriebe einer westdeutschen Stadt, stand vor der Aufgabe, zahlreiche betriebswirtschaftliche Anpassungen vorzunehmen, da sein Unternehmen immer tiefer in die roten Zahlen rutschte. Sein Vorgänger hatte es versäumt, dringend notwendige Korrekturen vorzunehmen. Was aus betriebswirtschaftlicher Sicht unumgänglich war, war politisch unpopulär: ein begrenzter Personalabbau, Lohnkorrekturen, höhere Tarife für die Leistungen des Unternehmens sowie Abbau unrentabler Produkte. Die Abhängigkeit des Unternehmens von der Politik erschwerte ganz erheblich eine betriebswirtschaftlich vernünftige Unternehmensführung, da die Politiker unpopulären Maßnahmen immer wieder ihre Zustimmung verweigerten. Herr Schnieder, der die Existenz seines Unternehmens als äußerst gefährdet ansah, verzweifelte an der Haltung der Politiker. Insgeheim warf er ihnen nämlich vor, betriebsfremde Ziele zu verfolgen, wie etwa ihre bevorstehende Wiederwahl. Dabei hatte bei seiner Einstellung seine Erfahrung aus der freien Wirtschaft eine besondere Rolle gespielt, und ihm war vermittelt worden, daß eine umfassende Reform des Unternehmens dringend notwendig sei.

Mit der Zeit spürte er, wie ihn diese Situation immer mehr belastete. Vor allem, wenn er sich in den entsprechenden Gremiensitzungen wegen Kleinigkeiten kritisiert fühlte, Politiker widersprüchliche Forderungen an ihn stellten oder die Zustimmung zu dringenden betriebsinternen Reformen verweigerten. Immer häufiger stellte er sich die Frage, ob sich sein Engagement überhaupt lohne. Er bemerkte bei sich immer öfter Reizbarkeit, allgemeine Lustlosigkeit, innere Unruhe und Anspannung sowie Schlafstörungen. Die regelmäßigen Sitzungen mit den Politikern belasteten Herrn Schnieder am meisten.

Symptome

In einer dieser Sitzungen konnte er nur noch mit Mühe an sich halten. Gerade hatte er den Politikern seine neueste Bilanz präsentiert, die mit einem deutlichen Gewinn den Erfolg seiner Arbeit eindrücklich dokumentierte. Statt aber, wie er erwartet hatte, positive Reaktionen auf diesen Erfolg zu erhalten, wurde ein aus seiner Sicht unbedeutendes Ereignis mit scharfer Kritik überzogen. Den weitaus größten Teil dieser Sitzung nahm Kritik ein. Seine Leistungen wurden in keiner Weise honoriert und die Stimmung war schlecht.

Herr Schnieder hatte schon früher Erfahrungen mit Entspannungstraining gemacht. Jetzt meldete er sich zu einem Self-Coaching Workshop an, um seiner beruflichen Situation eine neue Richtung zu geben.

Zwei Ziele standen dabei für ihn im Vordergrund:

Ziele

1. Emotionale Entlastung: Er wollte insgesamt, besonders aber in den Ausschußsitzungen, ruhiger und gelassener reagieren.
2. Mentale Stärke: In den Ausschußsitzungen wollte er sachfremden Argumenten klar und wenn nötig mit Nachdruck entgegentreten, ohne sich provozieren zu lassen.

Mit einem eigenen *Drehbuch*, in dem seine *Visionen* lebendig werden, bereitet sich Herr Schnieder jetzt mental auf die Sitzungen mit den Politikern vor. Bei der Bildauswahl greift er oft auf sein Hobby, das Segeln, zurück.

»Nachdem ich mich gut entspannt habe, was mir heute in wenigen Minuten gelingt, begebe ich mich in meiner Vorstellung in eine Art eigenes Kino. Gedanklich produziere ich einen Film, bei dem ich mich dabei beobachte, wie es mir gelingt, meine Zielvi-

Grundlagen von Entspannung und Self-Coaching

sion Schritt für Schritt zu erreichen. Ich sehe mich und die anderen Beteiligten im Sitzungssaal. Ich höre die Stimmen der Politiker und meine eigene Stimme. Manche, wie mir scheint eher unsachlichen Argumente, erreichen einen kurzen Moment mein Ohr. Im selben Moment segeln sie vom Sturm getragen davon, während ich mich selbst dabei beobachte, wie ich ruhig bleibe und kühlen Kopf bewahre. Ich weiß, daß mein Kurs stimmt. Ich sehe mich ruhig und tief ein- und ausatmen, und ich höre mir dabei zu, wie ich sachlich, eindeutig und klar meine Route darlege. Unnötige Diskussionen behindern meine Fahrt und ich segle an ihnen vorbei.

Im zweiten Schritt wechsle ich die Perspektive und gehe jetzt in die Position des Akteurs. In meinem inneren Kino bin ich jetzt selbst der Hauptdarsteller. Aus dieser Position heraus sehe ich wieder den Sitzungssaal und die Beteiligten. Ich habe gerade eben die Anwesenden begrüßt und mit einigen noch kurz ein paar Worte gewechselt. Jetzt sitze ich im Sitzungssaal. Während ich tief ein- und ausatme, spüre ich, wie ich innerlich ruhig und gelassen werde. Ich fühle mich gut, denn ich bin auf die Sitzung bestens vorbereitet. Jetzt lege ich klar und eindeutig die geplanten Vorhaben dar. Wenn Politiker wichtigen Maßnahmen ihre Zustimmung verweigern, kann ich es nicht ändern. Ich weiß, daß auch sachfremde Ziele die Diskussion beeinflussen. Dort, wo es möglich ist, weise ich unberechtigte Kritik eindeutig und klar zurück, ohne mich provozieren zu lassen. Ich vertrete meine Anliegen sachlich klar und entschieden. Zwischendurch entspanne ich mich immer wieder und sage mir selbst: ›Ich halte Kurs, trotz Gegenwind‹. Oder: ›Gerade im Sturm ist ein kühler Kopf das Wichtigste.‹ Und vor meinem inneren Auge sehe ich das Foto, das in meinem Büro hängt und eine Yacht zeigt, die hart am Wind segelt.

Immer wieder ermutige ich mich selbst: ›Bisher ist es gut gelaufen. Du hast es gut gemacht.‹ Ich spare nicht mit *Komplimenten*, die ich mir oft zwischendurch selbst mache.«

Über seine mentale Vorbereitung berichtet Herr Schnieder: »Natürlich bereite ich mich nicht erst ein oder zwei Tage vor einer wichtigen Sitzung darauf vor, sondern ich plane die mentale Vorbereitung gezielt ein bis zwei Wochen im voraus und reserviere mir die dafür notwendige Zeit. Als ich mit Self-Coaching anfing, benötigte ich mehr Vorbereitungszeit als heute. Dabei spielen innere Handlungsanleitungen, das heißt Anweisungen, die ich mir in entspanntem Zustand selbst gebe, eine wichtige Rolle. Sie unterstützen ein von mir gewünschtes Verhalten im Wachzustand. Zur Zeit lauten sie:

- Ich bestimme meinen Kurs.
- Das Segeln hart am Wind ist eine echte Herausforderung für mich.
- Gerade im Sturm zeigt sich der gute Segler.
- Ich halte Kurs trotz Gegenwind.
- Im Sturm behalte ich kühlen Kopf.

Es gab früher eine Zeit, in der ich dazu neigte, mir wie selbstverständlich die Schuld dafür zu geben, wenn ich bestimmte Vorhaben nicht durchsetzen konnte. Durch Self-Coaching bin ich aber dabei, von diesen Selbstanklagen immer mehr wegzukommen. Ich richte jetzt meine Konzentration mehr auf das, was mir gut gelungen ist, statt auf das, was nicht so gut gegangen ist.

Eines meiner wichtigsten Ziele beim Self-Coaching besteht in der systematischen Erweiterung meines Wissens über mich selbst. Dazu verfolge ich jede Ausschußsitzung im nachhinein aus der Position eines außenstehenden Beobachters. Wie von einer oben aufgestellten Kamera lasse ich das Geschehen noch einmal vor meinem inneren Auge Revue passieren und analysiere mein eigenes Verhalten. Es war für mich ein eindeutiges Alarmzeichen, sehen zu müssen, daß sich meine Verärgerung den Politikern gegenüber in meinem Verhalten niederschlug. Mit Hilfe dieser auf den ersten Blick natürlich unangenehmen Erkenntnis gelang es mir jedoch, gezielt gegenzusteuern.

Die übergeordnete Regel, Fehler und Kritik als Lernchance zu sehen, hat mir die Analyse der eigenen Position erheblich erleichtert.

Fehlende Anerkennung kompensiere ich dadurch, daß ich mich immer wieder selbst für das belohne, was ich erreicht habe, etwa mit einem Konzert- oder Theaterbesuch. Dadurch bin ich unabhängiger von der Meinung, Bestätigung und Anerkennung anderer geworden.

Heute, nach ungefähr zwei Jahren, in denen ich regelmäßig mit Self-Coaching arbeite, kann ich sagen, daß ich gelassener in die Sitzungen gehe, innerlich ruhiger bleibe, klarer argumentiere und meine Beziehungen zu den Ausschußmitgliedern sich um einiges verbessert haben.

Natürlich gab es auch Zeiten, in denen ich mit Self-Coaching

Grundlagen von Entspannung und Self-Coaching

nicht so schnell wie insgeheim von mir erwartet vorankam. Aber das sehe ich heute als normal an. Niemand kann immer nur Höchstleistungen und gute Arbeit bringen. Wenn es früher nicht gut lief, beurteilte ich dies als einen Rückschlag. Durch diese negative Beurteilung warf ich mich selbst aus der Bahn. Denn mit dieser Sichtweise brachte ich mich fast dazu, mich insgesamt in Frage zu stellen. In der Zwischenzeit habe ich das Wort Rückschlag durch das Wort Lernanlaß ersetzt. Lernanlässe sehe ich als konstituierenden Teil jedes Lernprozesses an, und ohne Lernanlässe wäre Lernen gar nicht möglich.«

Herrn Schnieders Erfahrung demonstriert einige der wichtigsten Self-Coaching-Techniken:

→ Zielvisionen,
→ Selbstakzeptanz,
→ Selbsterkenntnis,
→ Innere Handlungsanleitung,
→ Lösungs- und Ressourcenorientierung.

Persönliche Weiterentwicklung selbst steuern

Die wichtigste Ressource in Ihrem Unternehmen sind Ihre Mitarbeiter. Deshalb kann es nicht dem Zufall überlassen bleiben, ob das Potential, das in diesen Menschen angelegt ist, verkümmert oder zur Entfaltung kommt.

Lernprogramme im Rahmen von Human Resources Development oder der Lernenden Organisation gehen von einem Lernen aus, das von außen kommende Trainer oder Coaches anregen. Dabei kommt es besonders auf die Qualität des Coaches an. Dieses Lernen hat große Ähnlichkeit mit dem Lernen in der Schule. Der Lehrer zeigt den Schülern, was sie lernen müssen und was richtig und falsch ist. Dieser Aspekt des Lernens ist zweifellos sehr wichtig für den Erwerb von Sach- und Fachkompetenz. Es ist in der Tat effektiver, sich die Bedienung eines PCs von einem Experten zeigen zu lassen, statt über Versuch und Irrtum selbst zu lernen. Doch auch das Lernen von Fach- und Sachkompetenz erfordert Lern- und Aufnahmebereitschaft. Self-Coaching unterstützt dieses Fundament, das für jede Art von erfolgreichem Lernen nötig ist.

Im Bereich des sozialen Lernens kommt es nicht nur auf Sach- und Fachkompetenz an. Soziale, kommunikative Führungs- oder Beziehungskompetenz und Personal Mastery können nicht so einfach gelernt werden. Für soziale Situationen ist es nämlich typisch, daß die Akteure selbst sie jeweils aufs neue konstruieren. Sie sind somit einzigartig und verlangen einzigartige Reaktionen. Das Handeln, das in einem bestimmten Fall richtig war, ist es in einem anderen gerade nicht. Die Verbesserung sozialer Kompetenz erfordert daher ein äußerst individuelles und auf die jeweilige Persönlichkeit zugeschnittenes Lernen.

Ein Trainingsprogramm zur Steigerung der sozialen Kompetenz ist nur dann erfolgreich, wenn es akzeptiert und für die persönliche Weiterentwicklung als sinnvoll angesehen wird. Viele, auch durchdachte Programme scheitern zum Beispiel daran, daß die Sprache, in der das Programm kommuniziert wird, nicht ankommt, die Ziele für den Anwender gerade nicht im Vordergrund stehen oder man sich indirekt kritisiert fühlt und befürchtet, durch das Programm an eigener Autonomie zu verlieren. Organisationen brauchen Mitarbeiter, die ihrer beruflichen und persönlichen Weiterentwicklung oberste Priorität beimessen. Individuelles Lernen ist keine Garantie dafür, daß eine Organisation als Ganzes lernt, aber ohne individuelles Lernen gibt es keine Lernende Organisation (Senge 1996).

Wir alle möchten uns persönlich weiterentwickeln, wissen aber oft nicht wie. Unser Lernen bleibt dann mehr dem Zufall überlassen oder besonderen Umständen. Damit fehlt die notwendige Systematik für eine erfolgreiche Weiterentwicklung.

Was wir benötigen, sind Instrumente, die uns in die Lage versetzen, selbst unser eigener Coach zu werden, Instrumente, mit denen wir unsere Weiterentwicklung selbst planen, umsetzen, reflektieren und gegebenenfalls an veränderte Rahmenbedingungen anpassen können.

Selbstbestimmtes Lernen ist wahrscheinlich ebenso effektiv, sicher aber motivierender als Lernprogramme, die von außen an uns herangetragen werden. Hinweise aus der Medizinforschung zeigen, daß relativ kurze Lernprogramme, die den Betroffenen Instrumente an die Hand geben, mit denen sie selbst arbeiten können, vor allem langfristig sehr wirkungsvoll sind.

Diese Trainingsprogramme haben ein gemeinsames Merkmal: Sie sind nicht auf kurzfristige Leistungsoptimierung angelegt, sondern auf eine neue Lebenskultur des bewußten Umgangs mit

Grundlagen von Entspannung und Self-Coaching

sich selbst, etwa durch einen besseren Umgang mit Streß. In diesem Buch werden Sie erfahren, warum Methoden, die ausschließlich auf Leistungssteigerung abzielen, als geradezu gesundheitsgefährdend einzustufen sind.

Mentale Stärke basiert zum einen auf einer angemessenen Lebenshaltung und zum anderen auf gezieltem Training. Damit sind die Schwerpunkte dieses Manuals aufgezeigt.

Das Training ermöglicht es Ihnen, genau die Ziele zu verfolgen, die Ihnen wichtig sind, und die Instrumente für den zielgerichteten Weg selbst auszuwählen.

Dieses Programm erfüllt folgende Qualitätsanforderungen:

→ Es ist weitgehend wissenschaftlich fundiert.
→ Es ist einfach anwendbar.
→ Es ist für die Praxis hochrelevant.
→ Es bietet die Möglichkeit, Ziele und Methoden selbst festzulegen.

Das Programm vermittelt Ihnen einen professionellen Umgang mit Self-Coaching, das heißt: 1. fundiertes Wissen über Self-Coaching und seine Grundlagen, 2. Kenntnis der Stärken und Grenzen des Ansatzes und 3. seine vielfältigen Anwendungsmöglichkeiten.

Mentale Stärke für Sportler und Manager

Skirennläufer versetzen sich vor jedem Rennen in einen intensiven inneren Konzentrationszustand, in dem sie das Rennen in all seinen Details und mit den dazugehörenden Körperbewegungsmustern, Wahrnehmungen und Empfindungen antizipieren. Tennisspieler nutzen die kurze Zeit des Seitenwechsels, um sich mental auf das nächste Spiel vorzubereiten. Mit einem kleinen Ritual legen sie zum Beispiel ihren Ärger über einen gerade verschlagenen »leichten« Ball ab. Der Golfer J. Nicklaus versetzt sich vor jedem Schlag in ein inneres Bild, das ihn selbst und den auszuführenden Schlag in allen seinen Bewegungsabläufen und so konkret wie möglich zeigt. Immer wieder betonen Sportler die mentale Komponente ihrer Leistung, wenn sie sagen: »Ich habe den Wettkampf im Kopf gewonnen.« Oder: »Ich habe noch einmal innerlich die Kraft gefunden, das Spiel umzudrehen.«

Die gemeinsame Aufgabe von Managern und Sportlern besteht in der erfolgreichen Führung der eigenen Person. Self-Coaching ist die gezielte Einflußnahme auf die eigenen mentalen Prozesse, die oft ausschlaggebend dafür sind, wer letztlich die Nase vorn hat.

Das, was sich in unserem Körper abspielt, ist das Ergebnis komplexer Wechselwirkungen, zum einen in uns selbst und zum anderen zwischen uns und unserer Umwelt. Diese Prozesse sind dem Bewußtsein oft nur schwer zugänglich und scheinen auch nur sehr schwer beeinflußbar zu sein. Aus dieser Tatsache wird manchmal der Schluß gezogen, daß diese Prozesse überhaupt nicht beeinflußbar wären.

Das Gegenteil jedoch ist der Fall. Dies verdeutlichen wissenschaftliche Untersuchungen aus Medizin und der Motivations- und Psychotherapieforschung oder der Psychoneuroimmunologie, die sich mit den Zusammenhängen von Gedanken, Lebensführung und Körperabwehr befaßt. Diese Untersuchungsergebnisse belegen eindrücklich, daß und wie die Einflußnahme auf die eigenen Gedanken möglich ist.

Im Sport gehört systematisch und professionell betriebenes Self-Coaching längst zum Alltag. Die Ressource, die professionelles Self-Coaching für ein Unternehmen darstellt, ist bei weitem nicht in dem Maße ausgeschöpft wie etwa im Sport oder in der Medizin.

Dieses Manual weist Ihnen und Ihrem Unternehmen den Weg zum vorhandenen Potential. Anhand zahlreicher Fallbeispiele und durch die Darstellung der wichtigsten Self-Coaching-Techniken erhalten Sie einen fundierten Einblick in die Praxis.

Der Mensch als Ganzheit

Persönlichen Erfolg und berufliche Leistungsfähigkeit können wir erreichen, wenn wir uns als Ganzheit betrachten und all unsere Lebensgewohnheiten berücksichtigen. Angemessene Beanspruchung, ausreichender Schlaf, ausgewogene Ernährung, genügend Erholung und psychosoziale Unterstützung haben nicht nur positive Auswirkungen auf unseren Organismus und unsere Gesundheit, sondern versorgen uns auch mit Ausgeglichenheit, Entspannung, kraftspendenden Emotionen und Energie für zukünftige Herausforderungen. Self-Coaching hat diese Aspekte unserer

Lebensgestaltung im Blick und ermöglicht uns damit, unser eigenes Potential optimal zur Geltung zu bringen.

Damit grenzt sich dieser Ansatz gegen andere ab, die auf die isolierte Optimierung von Teilfertigkeiten abzielen, wie etwa mentaler Stärke, ohne den Mensch als komplexen Organismus zu sehen, dessen Funktionen in vielfältiger Wechselwirkung zueinander stehen. Wenn wir Sport treiben, beeinflußt dies nicht nur unsere Muskeln, unseren Kreislauf und unseren Schlaf, sondern auch psychische Prozesse, die über komplexe Vorgänge im Gehirn vermittelt werden.

Wenn wir diese Zusammenhänge für unsere berufliche und persönliche Weiterentwicklung nutzen wollen, ist es sinnvoll, das, was uns Menschen als Ganzheit ausmacht, wie unter einem Vergrößerungsglas gezielter zu untersuchen, um es differenzierter fördern zu können.

Für unsere Zwecke bietet sich eine Aufteilung an, die im folgenden Schaubild dargestellt ist (s. Abb. 1). In der Realität sind die jeweiligen Wechselprozesse zwischen den einzelnen Bereichen natürlich wesentlich komplexer.

Die systemische Sichtweise, nach der die Teile eines Systems in enger Wechselwirkung zueinander stehen, ist heute aus den Natur- und Humanwissenschaften nicht mehr wegzudenken. Analog dazu sehen wir unseren menschlichen Organismus als ein System, in dem Emotionen, Kognitionen und Verhalten wie bei einem Mobile eng miteinander verflochten sind. Das heißt, die Veränderung eines Teils hat immer Auswirkungen auf das gesamte System.

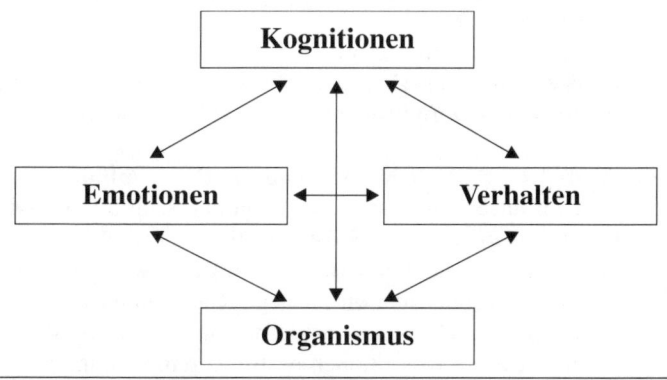

Abbildung 1: Der Mensch als Ganzheit – Aspekte der Wechselwirkung zwischen Kognitionen, Emotionen, Organismus und Verhalten

Unter Emotionen verstehen wir die gesamte Palette unsere Gefühle, von Freude, Zuversicht und Optimismus bis hin zu Niedergeschlagenheit, Angst und Unsicherheit.

Selbstvertrauen und Selbstsicherheit ermöglichen es, eigene Fehler realistischer einzuschätzen und die nötigen Konsequenzen zu ziehen. Unsichere Menschen grübeln eher länger, hinterfragen sich mehr (kognitive Ebene) und haben weniger Mut, Unbekanntes zu wagen (Verhaltensebene).

Verhalten meint unser Handeln im Alltag aber auch Basiskompetenzen erfolgreicher Unternehmensführung wie soziale oder kommunikative Kompetenz. Wer zum Beispiel ein schwieriges Gespräch vor sich herschiebt, also kritischen oder belastenden Situationen ausweicht, ist längerfristig unzufrieden mit sich selbst und untergräbt sein eigenes Selbstvertrauen – eine Auswirkung auf der emotionalen Ebene. Bald beginnt er, sich auf negative Weise zu beurteilen und mit sich selbst zu sprechen: »Jetzt hab ich dieses Gespräch immer noch nicht geschafft«, – eine Auswirkung auf der kognitiven Ebene.

Kognitionen sind Gedanken, Einstellungen, innere Selbstgespräche und innere Bilder. Innere Bilder sind Teil unserer Alltagssprache. »Dann sah er nur noch rot.« Oder: »Er sieht immer nur schwarz.« Oder: »Endlich sehe ich wieder einen Silberstreifen am Horizont.« Wenn Sie diese drei unterschiedlichen Bilder in Ruhe auf sich einwirken lassen, werden Sie bemerken, wie damit unterschiedliche Emotionen und unterschiedliche körperliche An- oder Entspannung einhergehen. Wir erzeugen permanent Kognitionen, die uns zwar häufig nicht bewußt, aber dennoch äußerst verhaltenswirksam sind.

Der weitreichende Einfluß von Kognitionen ist in den letzten Jahren immer stärker ins Zentrum zahlreicher Forschungsbemühungen gerückt und wird heute als Schlüsselfaktor der Selbstentwicklung gesehen.

Gardner (1998), der sich eingehend mit dem Einfluß unserer Gedanken auf unser Verhalten beschäftigt hat, schreibt: »Meiner Meinung nach liegt die bedeutendste Leistung der Kognitionswissenschaft in dem eindeutigen Beweis, daß zu Recht von einer Ebene geistiger Repräsentation ausgegangen werden kann, die sich auf die verschiedensten Aspekte des menschlichen Verhaltens auswirkt. Unsere Kognitionen bestimmen nicht nur, wie wir die Welt interpretieren, sondern auch wie wir handeln« (S. 19).

Die Überzeugung, selbst Einfluß ausüben zu können, stellt eine der wichtigsten Kognitionen überhaupt dar. Die zentrale Bedeutung dieser Basiskompetenz für nahezu alle wichtigen Bereiche des Lebens konnte in den letzten Jahren durch eine Vielzahl von Untersuchungen in ganz unterschiedlichen Bereichen belegt werden:

Ein Wissenschaftler-Team aus Gießen ermittelte den Faktor »internale Kontrollüberzeugung«, also die feste Annahme, Dinge selbst in die Hand nehmen zu können, als einen der zentralen Erfolgsfaktoren bei Klein- und Mittelunternehmern. Diejenigen, die der Ansicht waren, eine Krise oder eine schwierige betriebliche Situation überwinden zu können, erwiesen sich insgesamt als erfolgreicher verglichen mit ihren negativ denkenden Kollegen.

Bei Krebs-Patienten spielt die Überzeugung, positiven Einfluß auf den Verlauf der Krankheit nehmen zu können, eine zentrale Rolle. Die erfolgreichste Patientengruppe war die mit der Haltung: »Ich werde die Sache in den Griff kriegen.« Oder: »Ich möchte das Beste für mich aus dieser Situation machen.«

Unser Organismus verfügt über eine genetische Ausstattung, deren Funktionen immer besser bekannt sind. Nicht nur physiologische Merkmale sind genetisch bedingt, sondern auch psychische Kompetenzen können eine bedeutendere genetische Komponente enthalten, als man noch bis vor kurzem glaubte.

Aus der Forschung: Der Einfluß unserer genetischen Ausstattung

Britische Wissenschaftler haben eine Art Ausdauer-Gen entdeckt, das sportliche Höchstleistungen durch eine bessere Aufnahme von Sauerstoff und anderen wichtigen Nährstoffen in den Zellen steuert. Von 25 Elite-Bergsteigern, die in Extremhöhen von mehr als 7000 Metern mit wenig Sauerstoff auskommen, verfügten die meisten über eine entsprechende genetische Ausstattung.

Vor allem die Verhaltensgenetik hat mit neuen Untersuchungen aufhorchen lassen. Im Zentrum stand die Frage, wie weit unser Verhalten auf eine angeborene Ausstattung zurückzuführen ist oder auf unsere Umwelt, wie zum Beispiel Erziehung, Gesellschaft und Familie. Dabei zeigte sich, daß sogar die Grundlagen psychischer Basiskompetenzen wie Konzentration, Aufmerksamkeit und emotionale Steuerung zu einem gewissen Teil genetisch vorgegeben sind. So wurden zum Beispiel Erbanlagen identifiziert, die dazu beitragen, ob sich jemand eher ängstlich oder mutig verhält.

Vor allem die Untersuchungen von Dean Hamer, Leiter des National Cancer Institute in Bethesda, Maryland, sind in diesem Zusammenhang sehr aufschlußreich. Wer als Säugling schüchtern war, wird dies als Erwachsener auch eher sein. Wer als Kind abenteuerlustig war, wird auch als Erwachsener eher Spaß an Neuem haben. Wer als Kind häufiger traurig war, wird auch als Erwachsener eher Tage haben, an denen er nur schwer aus dem Bett kommt. Diese und andere Untersuchungsergebnisse zeigen lediglich, daß Persönlichkeit und Temperament nicht beliebig form- oder modifizierbar sind.

Der Einfluß unserer Ernährung

Jedem ist bekannt, daß Nahrung für uns mehr oder weniger gesundheitsfördernd sein kann. Unsere Ernährung hat aber auch erhebliche Auswirkungen auf unsere Psyche, unsere Emotionen und unsere mentale Stärke. So kann zum Beispiel Eisenmangel zu Müdigkeit, Abgespanntheit und Schlafstörungen führen. Einer mäßigen Aufnahme von Zucker wird eine antidepressive Wirkung zugeschrieben. Zucker verbessert auch einige kognitive Leistungen und unsere Gedächtnistätigkeit.

Es mehren sich auch Hinweise, daß eine fettreiche und gleichzeitig vitaminarme Ernährung nicht nur ungesund für Herz und Kreislauf ist, sondern auch die Entstehung von Depressionen und anderen psychischen Problemen fördert.

Natürlich braucht unser Körper auch Fett, und zwar in erster Linie solche Fettsäuren, die er nicht selbst bilden kann. Vor allem pflanzliche Fette enthalten diese lebenswichtigen Fettsäuren.

In vielen Unternehmen ist es üblich, daß die Mitarbeiter natürlich auftretenden Ermüdungsphasen mit Aufputschmitteln wie Kaffee, Tee oder Nikotin begegnen. Dies führt längerfristig zu einer Schwächung des Organismus, da ihm natürliche Regenerationsphasen entzogen werden, und zu einer Koffein-, Teein- oder Nikotinabhängigkeit.

Den weitreichenden Einfluß der Ernährung können Sie ohne großen Aufwand mit Hilfe der folgenden Übung direkt erleben:

Grundlagen von Entspannung und Self-Coaching

Verzichten Sie für einige Zeit ganz auf Aufputschmittel wie Kaffee, Tee oder Nikotin und beobachten Sie dabei:

→ Ihre Wachheit, Aufnahmebereitschaft und Konzentration,
→ Ihren Antrieb und Ihre Energie,
→ Ihre innere Ausgeglichenheit und Stabilität.

Versuchen Sie, sich so detailliert wie möglich zu beobachten, und notieren Sie die Auswirkungen Ihrer Abstinenz in den beschriebenen Bereichen. Diese Übung wird Ihr Gespür für sich und Ihren Organismus deutlich erhöhen.

Nicht jeder reagiert gleich stark. Viele Menschen werden allerdings durch diese Übung für die weitreichende Konsequenzen ihrer Nahrungsaufnahme sensibilisiert.

Im Sport wird die Rolle der Ernährung systematisch untersucht. Was für den Hochleistungssportler selbstverständlich ist, nämlich eine Ernährung, die auf seine Tätigkeit abgestimmt ist, unterstützt auch den Manager, damit er auf seinem Gebiet Hochleistung erbringen kann.

Aus diesen Erkenntnissen läßt sich das Fazit ziehen: Wer sich schlecht ernährt, fühlt sich schlecht. Und: Wer sich schlecht fühlt, kann mental nicht stark sein.

Aus der Forschung: Gesundheit fördern – Das Konzept der Salutogenese

Die Überzeugung, gestellte Anforderungen kompetent bewältigen zu können, ist einer der Eckpfeiler des Konzepts der Salutogenese von Aaron Antonovsky (1993). Statt wie bisher in der Medizin üblich nach krankmachenden Faktoren zu suchen, hielt er nach Faktoren Ausschau, die Gesundheit schützen und fördern. Vor allem die Art und Weise, wie wir außergewöhnliche, aber auch alltägliche berufliche und private Herausforderungen bewältigen, spielt eine zentrale Rolle.

In Anlehnung an die Streßtheorie von Lazarus und Folkman (1987) unterscheidet Antonovsky drei Arten psychosozialer Stressoren:

→ chronische Stressoren, wie zum Beispiel langanhaltende Überbelastung,

→ schwerwiegende kritische Lebensereignisse wie zum Beispiel Arbeitslosigkeit, Scheidung oder ein Todesfall im engsten Verwandten- oder Freundeskreis,
→ Ereignisse, die unsere alltägliche Routine stören, wie zum Beispiel der Verkehrsstau oder der Ausfall des Computers.

Wie wir Stressoren einschätzen, entscheidet darüber, wie wir mit ihnen umgehen.

Menschen mit einem starken Kohärenzgefühl (ein Ausdruck aus dem Salutogenesekonzept, vergleichbar mit dem Konzept der Selbstwirksamkeitsüberzeugung) neigen dazu, Stressoren primär nicht als Belastung anzusehen. Sie bleiben eher gelassen oder sehen Stressoren als interessante Herausforderung an. Sie sind in der Lage »sich mit den konkreten Bedingungen einer Situation und mit ihren dadurch hervorgerufenen Gefühlen auseinanderzusetzen« und erreichen so eine »klare und differenzierte Einschätzung der Belastungssituation« (Ohm 1997, S. 63).

Interessant ist, daß Menschen, die nicht von Natur aus mit einem starken Kohärenzgefühl ausgestattet sind, diese Form der positiven Bewältigung zumindest teilweise erlernen können. Der zentrale Ansatzpunkt entsprechender Trainingsprogramme sind die jeweiligen Gedankenkonstruktionen und deren Modifikation. Weiter unten werden Sie Übungen kennenlernen, mit denen Sie genau diesen Bereich trainieren können.

Soweit nur einige der Befunde, die zeigen, daß wir unser Denken nicht dem Zufall überlassen sollten. Denn unsere Gedanken geben uns nicht automatisch und immer Kraft und Stärke. Manchmal ist das Gegenteil der Fall. Gerade dann ist die Fähigkeit, Einfluß auf die eigenen Gedanken zu nehmen, um so wichtiger.

Der Einfluß von mentalen Modellen

Bei mentalen Modellen kann es sich um Verallgemeinerungen handeln wie: »Ich muß meine Mitarbeiter überwachen, da sie sonst dazu neigen, vorhandene Freiräume für ihre eigenen Interessen auszunutzen.« Das Entscheidende für das Verständnis von mentalen Modellen ist, daß sie aktiv sind, also eine verhaltenssteuernde Funktion besitzen. Diesen handlungsleitenden Einfluß von »mentalen Modellen« beschreibt Senge (1996). Wer seine

Grundlagen von Entspannung und Self-Coaching

Mitarbeiter für nicht vertrauenswürdig hält, verhält sich ihnen gegenüber anders als derjenige, der seinen Mitarbeitern vertraut.

Schwierigkeiten können dann entstehen, wenn wir unsere mentalen Modelle mit der Wirklichkeit verwechseln und entsprechend selektiv nur das wahrnehmen, was mit unserem mentalen Modell übereinstimmt und andere Informationen ausblenden. So kommen wir zur festen Überzeugung, unsere Sichtweise sei ein realistisches Abbild der Wirklichkeit – statt dessen haben wir aber unsere private Wirklichkeit selbst konstruiert. Dieser Konstruktionsprozeß ist uns aber oft nicht mehr bewußt.

Sogar große Organisationen können derartig geprägten Bewertungs- und Beurteilungsprozessen unterliegen, was immer mit erheblichen Kosten einhergeht. Senge (1996) gibt ein Beispiel aus der amerikanischen Automobilindustrie. Jahrzehntelang glaubten die drei großen Autohersteller in Detroit, daß Autos wegen ihres Stylings und nicht wegen ihrer Qualität oder Zuverlässigkeit gekauft würden. Diese Annahme war auch über Jahrzehnte hinweg richtig. Mit der Zeit veränderten sich aber die Vorlieben der Konsumenten, und sie begannen, mehr Wert auf Qualität als auf Aussehen zu legen. Und innerhalb kurzer Zeit stieg der Anteil an Zulassungen europäischer Autos in den USA von nahezu null auf 38 Prozent im Jahr 1986.

Besonders verborgene mentale Modelle können sich für ein ganzes Unternehmen verhängnisvoll auswirken. Ein neuer Mitarbeiter merkt zum Beispiel sehr schnell, ob in einem Unternehmen über Fehler gesprochen werden kann oder ob eine Tendenz zur Verheimlichung besteht. Den langjährigen Mitarbeitern und den Managern der Führungsebene ist diese verdeckte Regel häufig nicht bewußt.

Um solche blinden Flecken aufzuspüren, gehen immer mehr Unternehmen dazu über, ihre mentalen Modelle aufzudecken, in ihren Auswirkungen zu analysieren und gegebenenfalls zu verändern. Die Vorteile, die dieses Vorgehen mit sich bringt, liegen auf der Hand: Je mehr wir über unsere eigenen Kognitionen und unsere mentalen Modelle wissen, desto mehr Handlungsoptionen stehen uns zur Verfügung. Dies gilt für den einzelnen wie für Organisationen.

Von der Schwierigkeit, andere zu ändern

Die meisten zwischenmenschlichen Konflikte, sei es nun bei uns zu Haus oder im Unternehmen, verlaufen nach dem Muster, die Schuld dem anderen zuzuschreiben. »Wenn mein Mann mehr zu Hause wäre, dann würde ich weniger an ihm herumnörgeln«. »Wenn meine Frau weniger an mir herumnörgeln würde, dann wäre ich mehr zu Hause.« Das Beispiel zeigt, wie Beurteilungen und Verhalten der beiden Akteure miteinander verflochten sind. In der Regel wenden beide viel Energie dafür auf, den anderen zu ändern oder zu kontrollieren. Treten solche Muster bei uns zu Hause auf, dann ist dieser Energieaufwand unsere Privatangelegenheit – anders im Unternehmen.

Dieses Muster kann die Zusammenarbeit einzelner Mitarbeiter lähmen oder das Verhalten ganzer Abteilungen zueinander prägen. »Ich muß meinen Mitarbeitern immer auf die Finger sehen, damit sie . . .« entspricht dem Satz: »Solange unser Chef so mit uns umgeht, werden wir sicher nicht . . .« Und die Mitarbeiter haben viele Möglichkeiten zu Boykott und Widerstand. Auch hier folgen energie- und nervenzehrende Versuche, das Verhalten des jeweils anderen zu ändern – fast immer ohne Erfolg, aber mit hohen Kosten.

Letztlich heißt dies: Unsere Einflußmöglichkeiten auf unsere humane, aber auch auf unsere materielle Umwelt unterliegen engen Grenzen. Der Glaube an die Machbarkeit und beliebige Veränderbarkeit unserer Umwelt ist in vielen Bereichen einer konstruktivistisch-systemischen Perspektive gewichen.[1]

Zunehmend setzt sich die Ansicht durch, daß vor allem der Mensch, aber auch organisationale Prozesse nur schwer beeinflußbar und schon gar nicht steuer- oder kontrollierbar sind.

Diese Sichtweise ist heute zentraler Bestandteil moderner Managementphilosophien.[2]

---

1 Zum theoretischen Hintergrund dieser Sichtweise seien dem interessierten Leser die Arbeiten von Paul Watzlawick (1988), Heinz von Förster (1988) und Ernst Glasersfeld (1988) empfohlen.

2 Dieses Thema wird zum Beispiel von Reinhard Sprenger (1995) mit seinem Beitrag zum Thema Motivation, von Klaus Doppler und Christoph Lauterburg (1995) zum Change Management, von Rüdiger Klimecki, Gilbert Probst und Peter Eberl (1994) zum entwicklungsorientierten Management und von Peter Senge (1996) zur Lernenden Organisation beschrieben.

Grundlagen von Entspannung und Self-Coaching

Als Führungskraft stehen Sie damit vor einem schwer zu lösenden Dilemma: Einerseits sind Ihre Mitarbeiter nur begrenzt steuer- oder kontrollierbar, andererseits stellen sie eine Hauptressource Ihres Unternehmens dar. Der Auflösung dieses Dilemmas kommt damit eine herausragende Rolle zu.

Sich selbst ändern

Wenn sowohl die materielle als auch die menschliche Umwelt im Unternehmen, zu Hause oder im Freundeskreis nur begrenzt beeinflußbar ist, bleibt uns nur eine Möglichkeit der Einflußnahme: die auf die eigene Person.

Damit sind wir an dem Punkt angelangt, den Peter Drucker seit Jahren immer wieder betont:

»Nur wenige Führungskräfte sehen ein, daß sie letztendlich nur eine Person führen müssen, nämlich sich selbst. Führung hat viel mit Selbstkenntnis und Selbstentwicklung zu tun. Wer an sich selbst arbeitet, verändert sich« (zit. in Kobi 1990, S. 63).

»Die wichtigste Führungsstrategie ist einfach«, schreibt Senge (1996, S. 212): »Seien Sie ein Vorbild. Streben Sie konsequent nach der Ausweitung Ihrer eigenen persönlichen Meisterschaft. Darüber zu reden, mag die Menschen etwas empfänglicher für die Ideen machen, aber Taten sprechen immer mehr als Worte. Sie können nichts Wirkungsvolleres tun, um andere in dem Streben nach Personal Mastery zu unterstützen, als selbst ernsthaft danach zu streben.« – Das ist zwar richtig, aber leichter gesagt als getan! Die verschiedenen Teile Ihres Unternehmens sind eng miteinander verwoben. Die Veränderung Ihres Denkens und Handelns ändert Ihre Beziehung zu anderen, was Auswirkungen auf deren Denken und Handeln hat. Die enormen Herausforderungen, aber auch Möglichkeiten, die diese Erkenntnis für Führungskräfte bedeutet, liegen auf der Hand. Damit wird die Entwicklung der eigenen Person zur Chefsache.

Als Führungskraft verbringen Sie den größten Teil ihrer Arbeit in Kommunikation. Kommunikations- und Beziehungskompetenz sind die Basis erfolgreicher Unternehmensführung (Doppler u. Lauterburg 1995). Die Kenntnis und die Weiterentwicklung der eigenen Person sind damit zentrale Voraussetzungen zur Entwicklung dieser Basiskompetenzen. Self-Coaching verhilft Ihnen zu einem genaueren Bild über den Ausgangspunkt Ihrer Weiterentwicklung.

Mitarbeiter setzen sich ein, wenn sie von den Inhalten überzeugt sind und die Rahmenbedingungen stimmen. Die in Teams immer wieder aufs neue entstehenden Rivalitäten, Kränkungen und Spannungen überwinden die Mitarbeiter erfolgreicher, wenn ihr Chef sie als Team zusammenschweißen und für die Unternehmensziele gewinnen kann. Beides erfordert hohe Beziehungs- und Kommunikationskompetenzen, die Sie per Self-Coaching individuell und gezielt entwickeln können.

Die Auswirkungen von Entspannung und Self-Coaching

Self-Coaching findet auf der Basis von Entspannung statt, deren positive Auswirkungen durch eine Vielzahl von Untersuchungen belegt sind. Entspannungsverfahren sind nicht nur die effektivsten therapeutischen Methoden überhaupt, sondern imponieren durch ein enorm breites Anwendungsspektrum. Entspannungtrainings spielen eine wichtige Rolle in fast allen Sektoren des Gesundheitsbereichs, im Managementtraining, in der Schule, im Sport und als präventive Maßnahmen.

Allein schon die Durchführung eines regelmäßigen Entspannungstrainings hat wissenschaftlich belegbare positive Effekte auf die emotionale, kognitive und Verhaltensebene sowie den Organismus und bringt uns in einen Zustand optimaler Lern- und Aufnahmebereitschaft. Darüber hinaus kommt dem ausgewiesenen Regenerationscharakter eine bedeutende Rolle bei der Erhaltung unserer Leistungsfähigkeit zu.

Ein Entspannungstraining fördert Emotionen wie innere Ruhe und Gelassenheit, Zuversicht und Optimismus. Und wer Herausforderungen gelassen und optimistisch gegenübertritt, ist nicht nur mental stärker, als der, der dauernd an sich selbst zweifelt, sich unnötig in Frage stellt oder in Hektik ausbricht, sondern auch in der Lage, entsprechend zu handeln. Entspannung reduziert langfristig beruflich und persönlich Gefühle wie Angst, Ärger und Feindseligkeit und unterstützt das Gefühl erhöhter Kontrolle über das eigene Leben.

Entspannung unterstützt körpereigene Vorgänge wie Herz- und Atemtätigkeit, stärkt unsere Immunabwehr und versetzt uns in die

Lage, unsere Hirnstromaktivität so zu steuern, daß die für optimales Lernen nötigen Hirnströme aktiviert werden.

Während Entspannung eher unspezifisch wirkt, lassen sich durch Self-Coaching spezifische Veränderungen im mentalen Bereich erzielen, die handlungsunterstützende Funktion haben.

Abbildung 2 zeigt in vereinfachter Form die Auswirkungen von Entspannung und Self-Coaching auf das System Mensch und weist auf die entsprechenden Teile in diesem Buch hin.

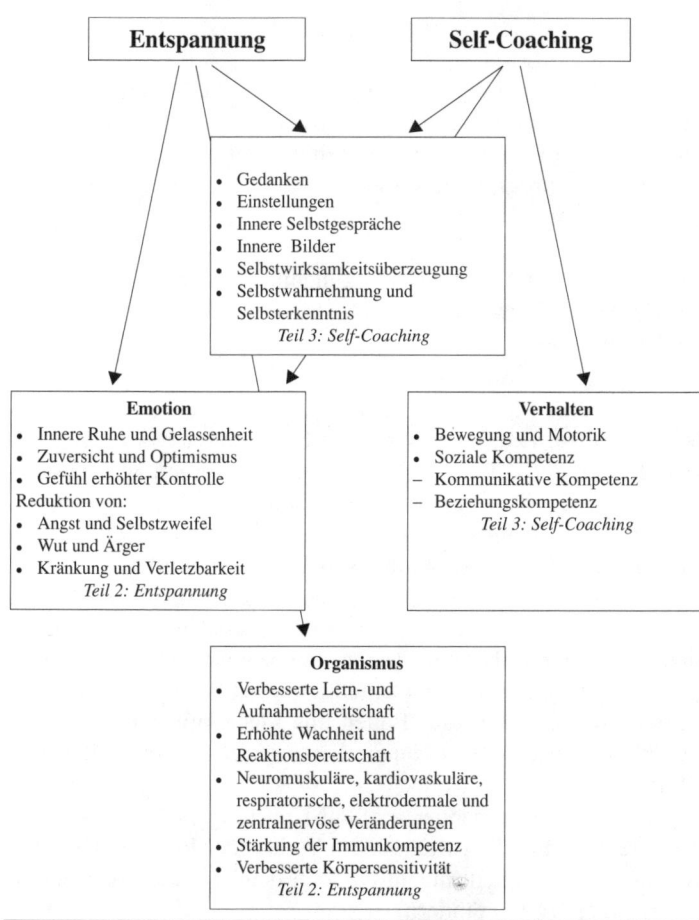

Abbildung 2: Auswirkungen von Entspannung und Self-Coaching auf das System Mensch

Erwartungsklärung und Zieldefinition

»Bei der Mehrzahl der Menschen, die eine Veränderung anstreben, sind Zeit und fortgesetzte Anstrengung nötig, wenn die Veränderung von Dauer sein soll« (Miller et al. 2000). Realistische Entwicklungsprogramme starten deshalb von einer soliden Basis aus, die mit drei Schritten beginnt:

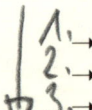

→ Diagnose der Ausgangsbedingungen,
→ Klärung der Erwartungen und
→ Zieldefinition.

Wenn wir eine Methode der persönlichen Weiterentwicklung erlernen wollen, verbinden wir damit bestimmte Erwartungen. Sie basieren auf der Differenz zwischen dem Anspruch, wie wir gern sein möchten, und der erlebten Realität. Diesem Ungleichgewicht schreibt Senge (1996) zu Recht eine motivierende Kraft zu: Wer immer zufrieden ist, wird nie etwas verändern wollen.

Wer eine Reise plant, klärt vorher seine Erwartungen. Jedem leuchtet ein, daß es einen erheblichen Unterschied macht, ob jemand von seinem Urlaub Erholung, Abenteuer oder Bildung erwartet. Entsprechend unterschiedlich wird die Reise ausfallen: Entweder man fährt zum Baden ans Meer, mit dem Motorrad durch die Wüste oder mit einem Bildungsreise-Veranstalter nach Florenz.

Viele Menschen machen mit Self-Coaching die Erfahrung, daß sich die Ziele und Erwartungen im Verlauf der Reise ändern. Das ist ein gutes Zeichen, macht es doch deutlich, daß man bereits dabei ist, sich zu verändern.

Was Sie mitbringen sollten, um von diesem Programm zu profitieren:

Voraussetzungen

→ Motivation,
→ Geduld und
→ Ausdauer.

Sie können vom Durcharbeiten dieses Programms einiges erwarten:

→ Sie erhalten eine systematische Einführung in Entspannungstrainings, lernen die effektivsten Entspannungsmethoden kennen und können sie anschließend durchführen.
→ Sie erhalten eine umfassende Zusammenschau über die wichtigsten Erkenntnisse zu Self-Coaching.
→ Die Beschreibung der wichtigsten Self-Coaching-Methoden versetzt Sie in die Lage, sich Ihr eigenes Trainingsprogramm zu erstellen.
→ Sie lernen, wie Sie sich auf wichtige berufliche Situationen, wie Konferenzen, Moderationsaufgaben, Verhandlungen, Mitarbeitergespräche und vieles mehr, mental gut vorbereiten können.
→ Sie lernen, ruhiger und gelassener zu reagieren.
→ Sie erfahren mehr darüber, wie Sie einen besseren Zugang zu sich und Ihren intuitiven Fähigkeiten erhalten.
→ Sie lernen, gelassener mit Kritik umzugehen und Fehler als Lernanlässe zu sehen.
→ Sie erfahren mehr darüber, wie Sie sich konsequenter für Ihre Ziele einsetzen und gleichzeitig respektvoller und nachsichtiger mit sich umgehen können.

Sie können von diesem Programm nicht erwarten, daß

→ allein die Lektüre Sie weiterbringt,
→ Veränderungen im persönlichen Bereich schnell und einfach wie im Schlaf geschehen,
→ durch ein paar schnell zu lernende Tricks langjährig bestehende, unangemessene mentale Haltungen dauerhaft verändert werden können.

Auf den ersten Blick erscheint die Klärung der eigenen Erwartungen und Ziele eher einfach. In der Praxis zeigt sich jedoch, daß bei diesem Klärungsprozeß einige Fallen lauern. Tatsächlich wollen wir nämlich meistens in kurzer Zeit zuviel erreichen.

Jeder von uns hat schon einmal erlebt, wie er sich angesichts einer belastenden Situation in einen problemverschärfenden negativen Gedankenkreislauf hineingegrübelt hat. Je mehr wir nachgrübeln, desto auswegloser oder bedrohlicher erscheint die Lage. Es ist daher grundsätzlich sinnvoller, wenn wir uns für unsere persönlichen Entwicklungsziele einsetzen als gegen die Anteile in uns anzukämpfen, die wir schon immer abgelehnt haben. Denn es ist leichter, sich für Ziele einzusetzen als gegen Probleme anzukämpfen.

Ziele können wir nur erreichen, wenn wir dafür Energie einsetzen. Aber auch hier kommt es auf die richtige Dosierung an. Wer sich zu sehr für seine Ziele einsetzt, läuft Gefahr zu verkrampfen. Deshalb gilt: Es ist zwar richtig sich für seine Ziele einzusetzen, aber es ist sinnvoll, sie immer wieder loszulassen und in regelmäßigen Abständen auf ihre Gültigkeit hin zu überprüfen.

Was Self-Coaching nicht ist und nicht sein will

Eindeutig muß vor der Übernahme utopischer Ziele gewarnt werden, da sie das Scheitern der eigenen Bemühungen vorprogrammieren. Es ist für den Laien in Sachen Self-Coaching schwierig, sich der suggestiver Wirkung ausgetüftelter Werbebotschaften zu *seelisch beeinflussen* entziehen, die das Erreichen von Bewußtseinszuständen versprechen, die bisher für unmöglich gehalten wurden, von denen allerdings niemand genau angeben kann, wie sie aussehen sollen. Allein die Behauptung, daß sie vorhanden und erreichbar sein sollen, übt auf viele eine starke Faszination und Anziehungskraft aus.

Wer an solche geschickt suggerierten übernatürlichen Bewußtseinszustände glaubt, begibt sich allerdings, ohne es zu realisieren, in eine schädliche und mitunter sogar gefährliche Falle. Denn je unklarer Ziele benannt werden, desto weniger kann ihre Erreichbarkeit überprüft werden. Besonders kritisch wird die Situation für den Betroffenen dann, wenn er die Unmöglichkeit der Zielrealisierung nicht den diffusen oder unrealistischen Zielen zuschreibt, sondern seiner eigenen Inkompetenz. Damit begibt er sich in eine negative Spirale, die ihn immer unkritischer zu neuen Methoden und Verfahren Zuflucht suchen läßt.

Aus der Forschung: Warum Feuerlaufen harmlos ist

Über glühende Kohlen zu laufen entspricht nicht unserer menschlichen Natur. Deshalb glauben viele, daß diejenigen, die das tun, über besondere geistige Kräfte verfügen. Richtig ist: Wer über glühende Kohlen läuft, traut sich, etwas zu tun, was er normalerweise nicht tun würde. Dies ist eine anerkennenswerte Leistung, die aber keinen besonderen Bewußtseinszustand erfordert, sondern Mut und Überwindung.

Zur Zeit werden zwei Erklärungsansätze diskutiert, warum wir einen Feuerlauf unbeschadet überstehen können. Einig sind sich die Experten darüber, daß der Feuerlauf nur bei genügend heruntergebranntem Feuer möglich ist, wenn sich eine Ascheschicht gebildet hat. Ein Lauf über brennendes Feuer führt in aller Regel zu den zu erwartenden Verbrennungen. Als sicher kann angesehen werden, daß die Ascheschicht eine Art isolierende Funktion besitzt. Eventuell schützt allein dies schon ausreichend vor Verbrennungen. Als zweite Variante wird erörtert, ob der Hautschweiß an den Füßen, der sich bei einem solchen Anlaß bildet, Hitze ableitet und dadurch isoliert.

Nicht zu verleugnen ist die starke autosuggestive Komponente, die bei dieser Methode zum Tragen kommt. Wer von sich glaubt, etwas Übernatürliches realisiert zu haben, bringt sich durch diesen Glauben in einen euphorisierenden emotionalen Zustand. Technisch gesehen handelt es sich dabei um die klassische Form der Autosuggestion. Und daß Suggestionen sehr wirksam sein können, darüber besteht kein Zweifel.

Eine große Organisation wirbt mit einem Bild Albert Einsteins im Hintergrund. Ein riesiges Potential, wie es das Bild Einsteins suggeriert, warte nur darauf, entdeckt zu werden. Die Möglichkeit, an Einsteins Genialität heranzukommen, scheint greifbar nah. So werden unrealistischen Erwartungen Tür und Tor geöffnet. Schon lange wissen wir aus der Intelligenzforschung, daß wir unsere zu einem großen Teil anlagebedingte Intelligenz nicht beliebig vergrößern können, egal mit welchen Methoden. Tragisch ist, wenn sich der Rezipient, wie in den meisten Fällen üblich, selbst die Schuld dafür gibt, wenn er nach mehreren Versuchen seinem angeblich so gewaltigen Potential immer noch nicht auf die Spur gekommen ist. Die dadurch aktualisierten Versagens- und Minderwertigkeitsgefühle unterminieren beim Betroffenen das Gefühl eigener Kompetenz und bringen ihn weiter ab vom Weg zu einem realistischeren Bild über sich selbst.

Scheich (1997) und Kakuska (1997) haben die Methoden der populärsten Vertreter dieser angeblichen Helfer genauer unter die Lupe genommen.

»Positives Denken«, wie es in den Büchern von Dale Carnegie, Joseph Murphy, Norman Vincent Peale und Erhard F. Freitag gelehrt wird, verfehlt bei seinen Lesern nicht nur das, was es verspricht, sondern bewirkt oft genug das Gegenteil. Die Kritiker sprechen diesem Verfahren ein krankmachendes Potential zu. Ein Kernproblem sind bereits die Ziele: Ein vollkommen angstfreies Leben, ewige Harmonie, absolute Gesundheit und ein »natürlich zufallender« Reichtum.

Die Erfolgsformel des Apothekers Emile Coué, dem Gründer des »Positiven Denkens«, ist verblüffend einfach. Zwanzigmal morgens nach dem Aufwachen und abends vor dem Einschlafen sage man sich: »Es geht mir von Tag zu Tag besser.« Auf im Prinzip ähnlich simplifizierenden Erfolgsformeln bauen auch die anderen Anleitungen des »Positiven Denkens« auf.

Auch die häufig sehr belastenden Gefühle wie Ärger und Wut sollen die Anwender von »Positivem Denken« in einer Art Selbsttherapie wegdenken. Es ist vor allem der Verdienst Traues (1998), der in seinem spannenden und anspruchsvollen Sammelband »Emotion und Gesundheit« vehement und auf wissenschaftlich hohem Niveau auf die negativen Konsequenzen aufmerksam macht, die sich aus dieser Haltung ergeben.

»Sorge dich nicht, lebe« hat der amerikanische Volksschullehrer Dale Carnegie 1944 zum erstenmal herausgebracht. »Sorgen«, so sagt er, »sind nichts weiter als eine Geißel der Menschheit. Sie ruinieren den Seelenfrieden, schaden der Gesundheit und bringen ungezählte Menschen vorzeitig ins Grab . . .« (S. 64). Sie können ersatzlos gestrichen werden, wenn man sich an die Ratschläge des Autors hält. Der wichtigste Grundsatz: Sei immer positiv gestimmt, lasse am besten nie negative, unangenehme oder schmerzende Gedanken aufkommen.

Richtig daran ist, daß wir mit einer nur auf Negatives gerichteten Aufmerksamkeit uns keinen Gefallen tun. Falsch und gefährlich ist es aber, jeden negativen oder belastenden Gedanken durch entsprechende Vorsatzformeln wegdrücken zu wollen. Belastungen bei der Arbeit und im Leben sind Teil unserer Existenz. Aus der Coping-Forschung wissen wir, daß jede Bewältigung an den Faktor Zeit gebunden ist. Sich einreden zu wollen, es ginge einem gut, wenn es einem in Wirklichkeit schlecht geht, verhindert eine positive Auseinandersetzung dadurch, daß man das belastende Ereignis zu ignorieren versucht. Herausforderungen überwinden wir dann, wenn wir uns ihnen stellen, und nicht, indem wir sie schönreden. Voraussetzung dafür sind innere Stärke und Gelassenheit, die durch regelmäßiges Entspannungstraining gefördert werden können.

Die Krebs- und Streßforschung hat nachgewiesen, daß Patienten, die das Ausmaß ihrer Erkrankung verharmlosen oder verdrängen, eine deutlich schlechtere Prognose haben, als diejenigen, die sich in einem ersten Schritt ihrem Schmerz, ihrer Verzweiflung, Ohnmachtsgefühlen und Wut stellen und von dort ausgehend Bewältigungsstrategien entwickeln.

Aus der Forschung: Sorgen und Lösungkompetenz

Sorgen sind sinnvoll, sogar lebenserhaltend. Sie bereiten uns nämlich auf die Bewältigung anstehender Aufgaben und Herausforderungen vor. Damit dienen sie einer höheren Lebensbewältigungskompetenz (Coping).

Es sind vor allem Tallis und Eysenck, die die Zusammenhänge zwischen Sorgen und Lebensbewältigung bereits 1994 herausgearbeitet haben. Demnach haben Sorgen zunächst eine Alarmfunktion, denn sie machen uns auf eine Bedrohung oder etwas Besorgniserregendes aufmerksam. In einem zweiten Schritt suchen wir intern nach Informationen, die zur Erklärung und Bewältigung oder auf andere Art und Weise hilfreich sein könnten. In einem dritten Schritt nehmen wir mit Hilfe der bereitgestellten Information künftige Entwicklungen voraus und schätzen die Realisierungschancen möglicher Handlungspläne ab.

Natürlich sind zuviel Sorgen, vor allem, wenn wir sie mit negativen Selbstgesprächen unterlegen, zur erfolgreichen Problembewältigung oft nicht angetan. Sorgen sind meist Selbstgespräche, bei denen wir uns im Kreis drehen. Scheint eine Lösung gefunden, so meldet sich der innere »Pessimist« und verwirft den Lösungsansatz. Als Konsequenzen müssen weitere Problemschleifen gedreht werden, die meist zu keiner besseren Lösung führen. An dieser Stelle bieten sich folgende Möglichkeiten an: Das Gespräch mit einer außenstehenden Person verhilft zu mehr Distanz und gibt eingefahrenen Denkweisen oft eine neue Richtung.

Eine weitere Alternative zum Grübeln besteht darin, Sorgen am besten zu vorher festgelegten Zeiten aufzuschreiben und nach folgendem Muster zu bearbeiten:

1. Zielklärung vornehmen: Was wollen Sie erreichen? Ist Ihr Ziel realistisch?

2. Lösungsalternativen sammeln: Suchen Sie soviele Lösungsalternativen wie möglich. Auch auf den ersten Blick eher abwegig erscheinende Lösungen können wertvoll sein. Es gibt immer mehr Alternativen als man denkt.
3. Kosten-Nutzenbilanz: Überprüfen Sie das Verhältnis zwischen Aufwand und Ertrag.
4. Belohnen Sie sich nach dieser Leistung, unabhängig vom Resultat, für Ihre Bemühungen. Wenden Sie Ihre Aufmerksamkeit jetzt gezielt anderen Dingen zu.

Dieses bewußte Umschalten der Aufmerksamkeit kann bei regelmäßiger Anwendung der angemessenen Bewältigung anstehender Herausforderungen dienen (vgl. Nuber 1997).

Macht uns ein Überlebenstraining in der Sahara im Beruf mental stärker?

Neben Trainings, die direkt auf die Veränderung des mentalen Bereichs abzielen, finden sich eine Vielzahl solcher, die auf indirektem Weg mentale Stärke fördern wollen. Dabei geht es oft darum, daß die Teilnehmer ungewöhnliche Taten vollbringen, was dann als Beweis einer hervorragenden mentalen Stärke angesehen wird. Das sind zum Beispiel Touren in der Wüste oder Überlebenstrainings aller Art.

Auch wenn wir uns nach außergewöhnlichen Leistungen verdientermaßen gut fühlen, so sagt dies wenig über den Transfer dieses Gefühls in den Alltag. Im Gegenteil: Wenn der Teilnehmer einer solchen Unternehmung im Alltag ganz zu Recht bemerkt, wie seine Leistungskraft dahinschwindet, verschließt er sich aus Enttäuschung über diesen Mißerfolg eher seriösen Angeboten, die auf regelmäßigem Training aufbauen. Mentale Prozesse sind in der Regel über Jahre hinweg eingeschliffen. Es gibt kein ernstzunehmendes Argument dafür, daß langjährige Gewohnheiten durch eine einzige derart befristete Maßnahme verändert werden können, ohne daß wir nicht regelmäßig etwas dafür tun. Aus der Medizinforschung ist zum Beispiel belegt, daß die therapeutische Wirksamkeit von Entspannung nur dann eintritt, wenn die Betroffenen über einen längeren Zeitraum von mehreren Monaten regelmäßig trainieren. Und selbst dann kann der positive Effekt vermutlich nur durch regelmäßiges Training weiter aufrechterhalten werden.

Unser Programm geht davon aus, daß ein Training umso effektiver ist, je direkter es auf den Zielbereich zugeschnitten ist. Golfen lernt man auch nicht vor dem Fernsehgerät oder durch ein gesteigertes Training im Tennis – obschon das unsere Fitness verbessern kann, was indirekt positive Auswirkungen haben mag –, sondern indem man die zum Golfen nötigen Fertigkeiten systematisch trainiert. Das Fitneßtraining mag eine Komponente dieses Trainings sein. Tennis hilft uns aber nicht dabei, beim Putten besser zu werden.

Sinnvoller sind da schon Kurse, die Entspannungstrainings, Meditation und ähnliches anbieten. Sie finden oft in einem besonderen Ferienambiente statt. Das mag natürlich sehr entspannend sein. Entscheidend ist aber, daß Sie lernen, dann Streß abzubauen, wenn sie in Streßsituationen sind, und nicht im Urlaub, wo Sie sowieso, auch ohne Meditation, eher gelöst und entspannt sind. Damit ist wiederum die Frage des Transfers angesprochen. Zur Zeit gibt es keine ernstzunehmenden Studien, die einer kurzzeitig durchgeführten Meditation einen längerfristigen Effekt zuschreiben. Wer allerdings die in solchen Ferienkursen gelernten Übungen in seinem Alltag regelmäßig fortsetzt, kann davon ausgehen, für sich und seine Gesundheit etwas Gutes zu tun.

Grundlagen von Entspannung und Self-Coaching

Teil II | Entspannung

Grundlagen von Entspannung

Systematische Methoden der körperlichen und psychischen
Selbstentspannung unterscheiden sich von individuellen Formen
der Entspannung und Erholung, wie etwa dem bloßen Ausruhen,
dem Hören subjektiv ruhiger, angenehmer Musik oder Präferen-
zen für interindividuell höchst unterschiedliche Tätigkeiten, bei
denen man sich halt »entspannt« oder »abschaltet« und über die
wohl die meisten Menschen verfügen, nicht nur dadurch, daß sie
empirisch erforscht und wissenschaftlich abgesichert sind, sondern auch und vor allem dadurch, daß sie auf dem systematischen
Einüben einer Routine beruhen, die zur Entspannung führt. Dieses systematische Training führt dazu, daß die gewünschten Effekte schneller sowie mit einer gewissen Stabilität und Regelmä-
ßigkeit – auch in stärkeren Belastungssituationen – willkürlich
erzielt werden können. Ebenso wie die höchst individuellen, un-
systematischen Formen der Entspannung und Erholung dienen
damit auch die systematischen Entspannungsverfahren zunächst
dazu, Belastungs- und Erschöpfungszustände selbstbestimmt besser regulieren und durch die kompensatorische Erholung selbstbestimmt besser verarbeiten oder sich auf sie besser einstellen zu
können. Dies stärkt die Selbstkontrolle und Selbsthilfefähigkeit.
Durch den Erwerb einer systematischen Entspannungsmethode
werden somit die bereits durch unsystematische individuelle Ent-
spannungs- und Erholungsfertigkeiten beim Individuum mehr
oder weniger vorhandenen Möglichkeiten der Einstellung auf und
die Verarbeitung von Belastungssituationen optimiert. Das präventiv ausgerichtete Selbsthilfepotential des Individuums wird
um Handlungsoptionen erweitert, die auch und gerade in subjektiv kritischen Lebenssituationen realisiert werden können, in denen man allzu oft mit den individuell verfügbaren unsystemati-

schen Formen der Entspannung und Erholung scheitert (Krampen u. Ohm 1994, S. 262).

Aus der Forschung: Befunde aus der Streßforschung

Im Vergleich zur Menschheitsgeschichte verbringen wir erst seit kurzem ein relativ bewegungsarmes Leben. Hinzu kommt, wie Wolfgang und Margret Stroebe in ihrem »Lehrbuch der Gesundheitspsychologie« (1998) zeigen, daß wir heute weniger mit Flucht- oder Kampfsituationen zu tun haben als unsere Vorfahren, sondern vor allem unter »*Langzeitbelastung* (Hervorh. des Verf.) stehen, die den Körper auf die Dauer in einen bleibenden Anspannungs- oder gar Alarmzustand versetzt« (S. 213). Durch eine Lebensweise, die sich durch Bewegungsarmut auszeichnet, kann aber dieser Anspannungszustand, anders als bei den Menschen früherer Epochen, nur schlecht kompensiert werden.

Weitere Aufschlüsse über den Zusammenhang zwischen Dauererbelastung und Bewegungsarmut vermittelt uns die Streßforschung. Im Mittelpunkt der Aufmerksamkeit steht dort die Frage, wie sich Belastungen auf den Organismus auswirken und welche kompensatorischen Maßnahmen sich als sinnvoll erweisen.

Bekanntlich versetzt Streß den Organismus in eine Form der Flucht- und Abwehrhaltung, die durch einen ganz spezifischen und detailliert beschreibbaren physiologischen Zustand gekennzeichnet ist. Dabei kommt es zum Beispiel zu einer Aktivierung des Sympathikus-Nebennierenmark-Systems, das zur vermehrten Bildung der Katecholamine Adrenalin und Noradrenalin führt. Die Aktivität des Herzens und der Gefäßwände wird angeregt, was den Blutdruck erhöht. Das Herz schlägt schneller und die zu den Muskeln führenden Arterien erweitern sich, was die Blutversorgung in den Muskeln verbessert, die dadurch leistungsfähiger werden. Der Atem wird schneller und tiefer, was dem Stoffwechsel mehr Sauerstoff zur Verfügung stellt. Die Katecholamine setzen Glukose (eine Art energiespendender Zucker) frei, die als Energielieferant für die Muskeln zur Verfügung steht. »Die Aktivierung des Hypophyse-Nebennierenrinde-Systems bewirkt eine gesteigerte Bildung und Ausschüttung von Kortikosteroiden aus der Nebennierenrinde. Für die Physiologie der Streßreaktion ist die Rolle des Kortisons interessant, denn es fördert die Synthese von Glukose aus der Leber, löst Fettvorräte aus dem Fettgewebe und steigert so den Blutfettspiegel, wodurch, vereinfacht gesagt, Energie für die Muskeln bereitgehalten wird« (nach Stroebe 1998, S. 212). Tatsächlich sind die Zusammenhänge viel komplizierter, aber für unsere Zwecke können wir es bei diesen Andeutungen belassen.

Wichtig ist, daß unser Organismus so optimal auf Kampf oder Flucht eingestellt ist. Dies ist jedoch kaum die geeignete Methode, um mit dem Streß und den Belastungen, denen wir heute ausgesetzt sind, fertig zu werden. Im Gegenteil, in vielen Streßsituationen ist diese biologische Streßreaktion eher hinderlich, als daß sie uns bei ihrer Bewältigung helfen würde (Stroebe 1998, S. 213). Wir können damit das Reaktionsmuster, auf das sich unser Organismus eingestellt hat, nicht ausführen, wodurch physiologisch gesehen eine insgesamt sehr ungünstige Situation entsteht.

Streßabbau ist also auf natürlichem Wege oft nicht möglich. Deshalb müssen wir, je länger die Streßsituation anhält, mehr und mehr in der Lage sein, aktiv Entspannungs- und Ruhephasen herzustellen. Immer lauter melden sich deshalb die Stimmen, die einer neuen Entspannungs-Kultur das Wort reden. Entspannung wird danach weniger als Selbstzweck oder isolierte Anti-Streß-Maßnahme begriffen, sondern als Teil einer revidierten Lebenshaltung. So weist auch Dieter Vaitl, einer der weltweit profiliertesten Entspannungsexperten und Professor an der Universität Gießen, darauf hin, daß der westliche Mensch heute erst wieder aufs neue lernen muß, wie er seinen eigenen Energiehaushalt ausgleichen und durch Entspannung, Muße und Gelassenheit zu neuen Kräften kommen kann. Die Gefahren für unsere Gesundheit durch permanente Überlastung sind durch eine Vielzahl von Studien belegt. Daß Überlastung auch unseren mentalen Kompetenzen abträglich ist, gilt nach heutigen Erkenntnissen als gesichert. Wer entweder permanent überangespannt oder innerlich ausgelaugt ist, kann mental nicht auf der Höhe sein.

Aus der Forschung: Befunde aus der Erholungsforschung

Im Zentrum der Erholungsforschung stehen Zusammenhänge zwischen Belastung und Erholung. Sportwissenschaftliche Untersuchungen zeigen, daß die extremen Belastungen von Leistungssportlern in Training und Wettkampf nur durch systematisches Erholungstraining ausgeglichen werden können. Allmer (1996) berichtet, »daß Sportler, die bei einer nationalen Meisterschaft bessere Plazierungen (erster bis dritter Platz) erreichten, nach Trainings- und Wettkampfbeanspruchung häufiger Maßnahmen der aktiven Erholung anwandten, und Erholungsmaßnahmen in die Trainingspraxis einbezogen« als weniger erfolgreiche. »Ein erfolgreicher Weg«, so sein Fazit, »scheint darin zu bestehen, Erholungsverhalten in der Sportpraxis zu fördern, das auf dem systematischen und kontrollierten Einsatz von Erholungsmaßnahmen in Training und Wettkampf gerichtet ist ... Sowohl aus leistungsorientierter als auch gesundheitsorientierter Perspektive ist es unerläßlich, Erholungsprozessen in der Sportpraxis den gleichen Stellenwert wie den Beanspruchungsprozessen zuzuweisen« (S. 158).

Dieses Fazit sollte auch für Manager und Führungskräfte Gültigkeit haben, die häufig Extrembeanspruchungen über einen erheblichen Zeitraum ausgesetzt sind.

Obwohl die systematische Erholungsforschung ein sehr junges Forschungsgebiet ist, liefert sie bereits interessante Erkenntnisse. In letzter Zeit wurden unter anderem die Gründe untersucht, die zur Vernachlässigung von Erholungsmaßnahmen führen. Dabei hat sich gezeigt, daß vor allem fremd- und selbstgesetzter Druck keine Zeit zur angemessenen Erholung läßt. Die davon Betroffenen haben das Gefühl, sich eine Pause noch nicht leisten zu können. Dabei beeinträchtigt »überzogener individueller Leistungsanspruch sowie der Verlust der Sensibilität für die eigene Erholungsbedürftigkeit die Wahrnehmung gesundheitserhaltender Erholungsmaßnahmen.« Dahinter verbergen sich unangemessene Einstellungen zur Erholung:

1. Die gesellschaftlich vermittelte und individuell als verbindlich angesehen Erwartung, nicht als erholungsbedürftig gelten zu dürfen. Aus Furcht vor dem sozial mißbilligtem Eingeständnis, nicht genügend belastbar ... zu sein, werden aktuell gegebene Beanspruchungszustände geleugnet oder bagatellisiert. Es entsteht das Gefühl, die Arbeit trotz Ermüdung fortsetzen zu müssen und sich Erholung nicht leisten zu dürfen.
2. Die Überzeugung, Begonnenes immer erst zum Abschluß bringen zu müssen, ehe man sich eine Pause gönnen kann.
3. Der individuelle Leistungsanspruch ... alles perfekt machen zu müssen (Allmer 1996, S. 59). Diese Haltung produziert per-

Entspannung

manente Belastung und Streß, die allerdings in einer Leistungsgesellschaft zum Dokument hohen Sozialprestiges werden kann (Nitsch 1981). »Die so erworbene Anerkennung läßt Überlastung für den einzelnen als tolerierbar erscheinen« (Allmer 1996, S. 59).

Zurecht weist Allmer daraufhin, »daß Erholung im Alltagsleben und in der Öffentlichkeit offensichtlich kein Thema ist. Erholung rückt allenfalls in den Blickpunkt, wenn Feierabend oder Urlaub ansteht. Erholung scheint etwas selbstverständliches im Bewußtsein aller zu sein. Wenn man abends müde ist, geht man schlafen, wenn das Signal zur Arbeitspause ertönt wird die Arbeit unterbrochen und – ohne weiteres Nachdenken über das wie – Pause gemacht. In der Pause, im Urlaub, beim Schlafen wird sich Erholung schon deshalb einstellen, weil nicht mehr gearbeitet wird« (1996, S. 3), so das naive Alltagsverständnis. Das eigene Erholungsverhalten wird dabei weder reflektiert, noch werden unangebrachte »Erholungsmaßnahmen« problematisiert.

Erholungskompetenz ist vor allem für die Personen von Bedeutung, die hoher Belastung ausgesetzt sind. Denn das Ausmaß der Beanspruchung beeinflußt den Erholungsprozeß, wie die folgenden Befunde zeigen.

Wie Allmer betont, müssen wir davon ausgehen, »daß die Dauer der Beanspruchungsphase einen bedeutsamen Einfluß auf die beanspruchungsausgleichende Wirkung der Erholungsphase hat«. Dabei kann die erlebte Beanspruchung zu Klagen über zuwenig Zeit für Erholung führen, wodurch »die Initiative für andere Tätigkeiten stark reduziert bleibt oder ein innerliches zur Ruhe kommen unmöglich gemacht wird« (Allmer 1996, S. 68). Schönpflug und Schäfer konnten belegen, daß sich Personen, die eine starke Beanspruchungsphase erlebten, in der Pause weniger gut erholen konnten als Personen mit geringerer Beanspruchungsphase. Greif (1991) bestätigt die Ergebnisse. Seine Befunde sprechen dafür, daß erhöhter Arbeitsstreß durch mehr Erholung kompensiert werden muß.

Es ist wiederum Allmer, der auf die praktische Relevanz dieser Befunde verweist: »Daraus ergibt sich die praktische Konsequenz, die Aufschaukelung von Beanspruchungszuständen zu vermeiden, die nicht nur den Erholungsvorgang behindern, sondern auch die *nachfolgenden Beanspruchungsphasen ungünstig beeinflussen*« (1996, S. 68) (Hervorhebung vom Verfasser).

Grundlagen von Entspannung

geistige A. → Angespanntheit
körperl. → angenehme Müdigkeit

Ebenso hat die Art der Beanspruchung Einfluß auf den Erholungsprozeß. Denn wie Hacker et al. (1987) zeigen, ist Erholung nach geistiger Beanspruchung schwieriger zu erreichen als nach körperlicher. Belastungen aus geistiger Arbeit führen nach dem offiziellen Arbeitsende eher zu einem Zustand erregter Angespanntheit, während körperliche Beanspruchung eher mit als angenehm empfundener entspannter Müdigkeit verbunden ist. Zu vermuten ist, daß auch das gedankliche Abschalten nach vorangegangener geistiger Belastung schwerer fällt als nach körperlicher Belastung.

Genügend Erholung ist die Voraussetzung dafür, die durch Beanspruchungsprozesse beeinträchtigte Leistungs- und Funktionsfähigkeit auszugleichen. Erholungsprozesse stellen sich eben nach Arbeitsende nicht automatisch ein, sondern die durch die Arbeit ausgelöste Belastung kann in die Erholungsphase hineinreichen und diese beeinträchtigen.

Wir müssen davon ausgehen, daß viele Menschen meinen, sie verfügten über eine Art intuitives Erholungsgefühl und Erholungswissen, nach dem Motto: Körper und Geist nehmen sich schon, was sie brauchen. Negative Verstärkungsprozesse, die durch dispositionale sowie Umwelt- und Lernfaktoren verschärft werden, reduzieren aber gerade auf gefährliche Weise die Sensibilität für die Notwendigkeit von Erholungsmaßnahmen und unterminieren so die eigene Leistungsfähigkeit.

Sich erholen ist nicht unnötiges Zeitvergeuden, sondern wesentlicher Bestandteil der Wiederherstellung der eigenen Belastungsfähigkeit. Deshalb müssen wir uns mit der Frage beschäftigen, welche Maßnahmen unter welchen Bedingungen welche Erholungswirkung haben. *zweckbestimmt*

Erholungsforschung betrachtet Erholung als »intentional gesteuerten Prozeß, der die aktive Auseinandersetzung einer Person mit ihrer Umwelt ebenso umfaßt, wie die grundsätzliche Kontrollierbarkeit des Erholungsprozesses« (Allmer 1996, S. 43).

Faßt man die Befunde zusammen, so ergeben sich vor allem aus Entspannungstraining und Bewegung positive Erholungseffekte, wobei Bewegung nicht gleich Bewegung ist. Die Frage über das geeignete Ausmaß an Bewegung läßt sich beantworten, wenn wir einige Befunde aus der Psychoneuroimmunologie heranziehen. Graphisch dargestellt zeigt sich das Verhältnis Bewegung zu verbesserter Immunkompetenz u-förmig. Die beiden Extrempole, sehr wenig und sehr hohe Bewegungsbeanspruchung, unterstützen das körpereigene Immunsystem am wenigsten.

Entspannung

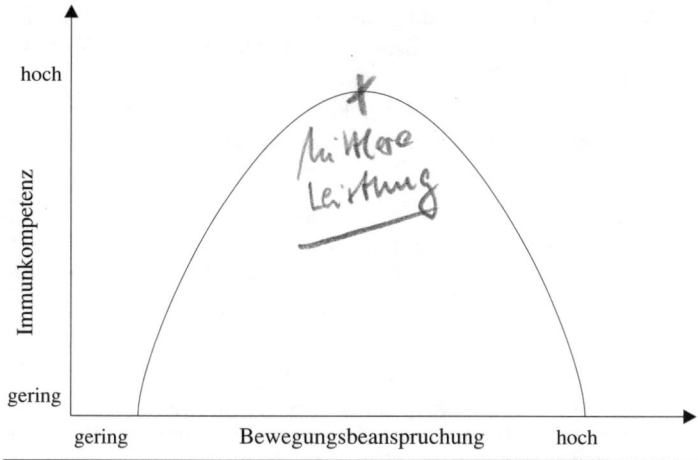

Abbildung 3: Bewegungsbeanspruchung und Immunkompetenz

Die Übersicht zu den Ergebnissen der Erholungsforschung möchte ich mit einer interessanten Studie über den Zusammenhang zwischen der Durchführung von Bewegung und der Inanspruchnahme von Erholungsmaßnahmen abschließen. Man könnte vermuten, daß Personen, die sich regelmäßig bewegen, ihr persönliches Zeitkontingent für Erholungsmaßnahmen dadurch aufgebraucht hätten. Überraschenderweise ist das Gegenteil der Fall. Personen, die sich regelmäßig bewegen, nehmen häufiger Erholungsmaßnahmen für sich in Anspruch, als diejenigen, die sich nicht regelmäßig bewegen (Allmer 1996). Man kann davon ausgehen, daß diese Menschen entweder sensibler für das eigene Erholungsbedürfnis sind, vielleicht gerade deshalb, weil sie sich regelmäßig bewegen oder ihre Erholungsphasen besser planen können.

Natürlich ist die Frage, ob Führungskräfte überhaupt Erholungskompetenz brauchen, von Interesse. Darauf gibt das Institut für Arbeits- und Sozialmedizin in Karlsruhe Antwort, das den Gesundheits- beziehungsweise Krankheitszustand von mehr als 12 000 Führungskräften überprüft hat.

Die Bilanz ist ernüchternd. Hier einige Auszüge:

→ 85 Prozent der Untersuchten leiden an vegetativen Beschwerden wie Schlafproblemen, Reizmagen, Verdauungsstörungen oder Herzpoltern.
→ 75 Prozent haben einen überhöhten Cholesterinspiegel von

mehr als 200 Milligramm pro Deziliter – dem Grenzwert für ein erhöhtes Infarktrisiko; bei 25 Prozent liegen die Werte im behandlungsbedürftigen Bereich.

→ 73 Prozent klagen über Rückenbeschwerden, meist bedingt durch mangelnde Bewegung (Schrader 1999, S. 19–22).

Angesichts dieser Befunde ist die Frage der Lebensgestaltung von Führungskräften von Bedeutung. Zu fragen ist, welches Zeitbudget ihnen für gesundheitserhaltende Maßnahmen zur Verfügung steht. Eine indirekte Antwort darauf gibt Paul Rosch (1995):

→ Eine repräsentative Umfrage bei 3000 amerikanischen Führungskräften ergab eine Wochenarbeitszeit bei mehr als der Hälfte der Befragten von wenigstens 60 Stunden. Etwa ein Viertel des Befragten gaben mehr als 70 Stunden Arbeitszeit pro Woche an.

→ Eine internationale Studie mit 500 Führungskräften zeigte, daß 70 Prozent der Befragten auch während ihrer Ferien immer erreichbar war und sich fast jeder Zweite aus eigener Initiative heraus regelmäßig in seiner Firma nach dem aktuellen Stand der Dinge erkundigte.

Doch damit nicht genug. Denn verschärfend kommt noch hinzu, daß unser verändertes Freizeitverhalten durch selbst- und fremdauferlegte Leistungsanforderungen immer weniger echte Regenerationsphasen enthält. Wer nach dem Motto lebt, aus seiner Freizeit das Maximum herausholen zu müssen, überträgt beruflich bedingtes Effizienz- und Nutzendenken auf sein Privatleben. Damit schaukelt sich ein gefährlicher Kreislauf auf, bei dem die meisten »ihre Freizeit genauso managen wie ihre Arbeitszeit«, so der amerikanische Epidemiologe Jim Spring. Konsequenterweise wird dann auf dem Golfplatz hart am Handicap gearbeitet und beim Tennis am Aufschlag. Oder der Tag ist erst dann ausgefüllt, wenn auch das Kulturprogramm abgearbeitet ist. Die sich anschließende Pause, wenn es überhaupt eine gibt, dauert leider nur eine Nacht. Am nächsten Tag beginnt alles wieder von vorn.

Erfolgversprechender sind die Eckpfeiler kompetenten Streßmanagements. Dabei müssen wir lernen, unserer Sensitivität für uns selbst so weit zu verfeinern, daß wir rechtzeitig spüren, wenn sich innere Spannungszustände aufbauen. Denn dann gilt es, ef-

fektive Entspannungsmaßnahmen einzuleiten. Dies gilt um so
mehr, je stärker wir beansprucht sind.

Wirkmechanismen von Entspannung

Ein Ziel des folgenden Abschnitts besteht darin, Ihnen einen
Überblick über die vielfältigen und komplexen Auswirkungen
von Entspannung zu geben. Dazu sind die wichtigsten Untersu-
chungsbefunde aufgeführt, die Ihnen zeigen, daß Entspannung
kein zu belächelndes »Psychoverfahren«, sondern ein seriöses
Training darstellt. Bei den referierten Ergebnissen handelt es sich
allerdings um so komplexe Zusammenhänge, vor allem was die
neuesten Erkenntnisse aus der Psychoneuroimmunologie betrifft,
daß hier zur besseren Lesbarkeit ein Kompromiß zwischen exak-
ter wissenschaftlicher Darstellung und allgemeiner Verständlich-
keit gewählt wurde, der immer wieder zu Vereinfachungen führt.

Die mit Entspannung einhergehenden *physiologischen Veränderungen* können dank neuester Untersuchungsmethoden als gesichert angesehen werden. Die folgende Darstellung bezieht sich
auf Ulrike und Franz Petermann sowie Dieter Vaitl, die mit ihrem
grundlegenden Werk »Handbuch der Entspannungsverfahren«
(1993, 1994) einen umfassenden Überblick über dieses wissenschaftlich anerkannte Verfahren auf hohem Niveau bieten. Ein
allgemeines Verständnis darüber, was sich während des Entspannungstrainings im Körper abspielt, hat positive Auswirkungen auf
Ihr Training, da es Sie in die Lage versetzt, die dabei auftretenden
Prozesse besser einzuschätzen.

Neuromuskuläre Veränderungen

Die Anwendung von Entspannungsverfahren reduziert den Spannungszustand (Tonus) der Skelettmuskulatur, was zu einer Erschlaffung der
Arm-, Bein- und Rumpfmuskulatur führt. Entspannung reduziert die Reize, die auf das motorische System einwirken. Dadurch werden die affe-
renten Signale, das heißt diejenigen, die zum Nervensystem aufsteigen
und dort weiterverarbeitet werden, stark vermindert, und es gelangen weniger Impulse ins Gehirn. Das führt zu einer Verminderung der efferenten
Signale, das heißt derjenigen, die vom Gehirn an die einzelnen Organe
gerichtet sind, was den Spannungszustand in der Arm-, Bein- und

Rumpfmuskulatur zusätzlich reduziert. Es bildet sich ein Kreislauf, wobei äußere Reize auf das motorische System ausgeschaltet werden, was dämpfende körperinterne Einflüsse verstärkt und somit insgesamt die neuromuskuläre Aktivität vermindert. Das Elektromyogramm (EMG) bildet die entsprechenden Veränderungen ab.

Kardiovaskuläre Veränderungen

Gefäßerweiterungen empfindet der Entspannende im häufig beschriebenen Kribbeln, Kitzeln oder Warmwerden der Hände und/oder der Füße. Diese Wärmeempfindungen werden nicht immer als konstant erlebt, sondern sind Veränderungen unterworfen. Vor allem zu Beginn des Übens treten sie nicht regelmäßig auf, während in Entspannungstechniken erfahrene Personen zum Beispiel die Wärmeempfindungen ohne weiteres rasch bei sich auslösen können. Die Wärmeempfindung wird leichter und früher in den Händen erlebt, weil dort die Durchblutung der Haut stärker als in den Füßen ausgeprägt ist.

Die Wärmeempfindungen in den Extremitäten sind ein *sicheres Anzeichen für einen guten Entspannungszustand.* Physiologisch ist dies auf einen verstärkten Blutzufluß in die Hauptgefäße der Extremitäten zurückzuführen, der durch die Gefäßerweiterung (Vasodilatation) zustandekommt, die wiederum von der Umgebungstemperatur abhängt. Eine Erhöhung der Umgebungstemperatur führt zu einer Gefäßerweiterung, während eine Abnahme der Umgebungstemperatur mit einer Gefäßverengung einhergeht.

Eine angenehme Umgebungstemperatur, wie sie zum Beispiel entsteht, wenn man sich in eine wärmende Decke hüllt, unterstützt diesen Prozeß zu Beginn der Entspannung ebenso wie positiv besetzte Vorstellungsbilder, wie sich zum Beispiel am Strand von der Sonne wärmen zu lassen.

Kenntnisse über möglicherweise auftretende Reaktionen in den Extremitäten sind für den Übenden wichtig, um diese Empfindungen richtig einschätzen zu können. Neben dem erwähnten Kribbeln oder dem Wärmegefühl können die Hände oder Füße auch als geschwollen oder überdimensional groß erlebt werden.

Zu den kardiovaskulären Veränderungen zählt auch die *Abnahme der Pulsfrequenz* um bis zu 10 % der üblichen Herzrate.

Außerdem kommt es zu einer allgemeinen *Senkung des Blutdrucks*, wobei der arterielle Blutdruck sowohl bei Personen mit niedrigem als auch solchen mit hohem Blutdruck abnimmt. Der arterielle Blutdruck ist eng mit körperlicher Aktivität sowie emotionaler und kognitiver Anforderung und Belastung gekoppelt.

Sympathikus ↓

»Durch ein Entspannungsverfahren wird die <u>Sympathikus-Aktivität</u> ↓ des autonomen Nervensystems gedämpft. Das sympathische Nervensystem ist für viele körperliche Aktivitäten verantwortlich, wie die Steigerung von Puls- und Atemfrequenz, Pupillenerweiterung oder Schweißabsonderung sowie die Erhöhung des Blutdrucks. Sympathikusaktivitäten sind entscheidend dafür verantwortlich, daß der Organismus in eine erhöhte Leistungsfähigkeit versetzt wird.

Eine Dämpfung des sympathischen Nervensystems wirkt sich in zweierlei Hinsicht aus:

1. Der periphere Gefäßwiderstand nimmt ab, da sich die Gefäße durch Entspannung erweitern.
2. Das Herzminutenvolumen sinkt. Das heißt, die vom Herzen in einer Minute ausgeworfene Blutmenge nimmt ab. Dies steht wieder im Zusammenhang mit der Herzrate, die durch Entspannung sinkt, sowie mit dem Schlagvolumen. Das Schlagvolumen bezieht sich auf die Blutmenge, die jedesmal dann ausgeworfen wird, wenn sich das Herz zusammenzieht.

Sowohl die Vasodilatation als auch das verminderte Herzvolumen führen zu einer arteriellen Blutdrucksenkung. Welches der beiden Systeme deutlicher beteiligt ist, hängt vom angewendeten Entspannungsverfahren ab. Alle Studien, die eine erfolgreiche Blutdrucksenkung nachweisen, zeigen ein gemeinsames Ergebnis: Eine Blutdrucksenkung ist nur dann erreichbar, wenn ein Entspannungstraining über mehrere Monate konsequent und systematisch durchgeführt wird« (Petermann 1996, S. 44).

Respiratorische Veränderungen

AZV ↓ AF ↓

- Die unter Entspannung veränderte Atmung ist <u>flacher und gleichmä-ßiger.</u>
- Das Atemzugvolumen nimmt ab.
- Die Atemfrequenz nimmt ab.
- Die abdominelle Atmung nimmt zu.
- Die thorakale Atmung geht entsprechend zurück.
- Der Atemzyklus verändert sich, wobei längere Pausen zwischen Ein- und Ausatmen liegen.

Elektrodermale Veränderungen

Die elektrischen Eigenschaften der Haut verändern sich je nach Aktivierungs- und Entspannungszustand. »Die neurologische Steuerung erfolgt ausschließlich über das sympathische Nervensystem, durch das die

Schweißdrüsen-Aktivität angeregt wird. Bei Dämpfung der Sympathikus-Aktivität geht auch die Schweißdrüsensekretion deutlich zurück. Da die elektrische Leitfähigkeit der Haut von der Schweißdrüsenaktivität abhängt und die Sympathikusaktivität durch Entspannung gedämpft wird, nimmt die Hautleitfähigkeit durch den Rückgang der Schweißdrüsensekretion ab.

Elektrodermale Veränderungen werden häufig als Indikatoren in Studien verwendet, um den Aktivierungs- bzw. Entspannungsgrad anzuzeigen. Dabei wird entweder der Hautwiderstand oder die Hautleitfähigkeit gemessen« (Petermann 1996, S. 45).

Vor allem für das Verfahren »Progressive Muskelentspannung« weisen die vorliegenden Ergebnisse auf eine deutlich gesenkte Hautleitfähigkeit hin.

Zentralnervöse Veränderungen

»Hirnelektrische Aktivitäten erlauben Aussagen über das Ausmaß, in dem die Großhirnrinde aktiviert ist« ... und »geben differenziert Auskunft über verschiedene Abstufungen von Wachheit. Es lassen sich Zustände von hoher Konzentration und Aufmerksamkeit über Passivität bis hin zu Einschlafphasen und Schlafstadien unterscheiden. Das Ausmaß zentralnervöser Veränderung stellt den besten Indikator für einen Entspannungszustand dar ... Um Erregungsprozesse in der Hirnrinde zu bestimmen, wird das Elektroenzephalogramm (EEG) als häufigstes Verfahren verwendet ... Die vier wichtigsten Potentialtypen des Spontan-EEGs werden mit Alpha-, Beta, Theta- und Delta-Wellen bezeichnet« (Petermann 1996, S. 47).

Bei Entspannungstrainings, wobei die Effekte des Autogenen Trainings zur Zeit am besten untersucht sind, treten die für einen entspannten Wachheitszustand typischen Alpha-Wellen vermehrt auf. Entsprechend kommentieren Trainierte ihre Erfahrungen mit Entspannung als einen Zustand entspannter Aufmerksamkeit. In diesem Zustand ist der Organismus besonders lern- und aufnahmefähig und stellt so eine optimale Basis, auf der Self-Coaching aufbaut.

Ähnlich wie bei den Auswirkungen des Entspannungstrainings auf den Blutdruck, hängt das Auftreten der Alpha-Wellen von der Trainingsdauer ab. Kurzzeittrainierte zeigen eher die fürs Einschlafen typischen Theta-Wellen. Dies entspricht den Erfahrungen vieler Trainingsanfänger, die zu Beginn des Trainings häufiger einschlafen. Alpha-Wellen hingegen treten bei denen auf, die über einen längeren Zeitraum regelmäßig trainieren.

Entspannung

Biochemische Veränderungen

Immunabwehr↑ (handwritten annotation)

Eine der wichtigsten positiven Auswirkungen von Entspannung sind diejenigen, die die Biochemie unseres Organismus betreffen. Der hier angesprochene Forschungsgegenstand der Psychoneuroimmunologie hat in den letzten Jahren explosionsartig an Bedeutung gewonnen und mit zahlreichen revolutionären Ergebnissen die Fachwelt überrascht. Immer genauer lassen sich die Zusammenhänge zwischen Gefühlen, Gedanken und unserem komplexen Biosystem darstellen. Es gilt heute als zweifelsfrei, daß an unserem Krankheitsgeschehen und seiner Heilung eine Fülle biologischer, aber vor allem auch nicht-biologischer Faktoren eine komplexe miteinander verwobene Rolle spielen. Entspannungsverfahren spielen, wenn es um die Stärkung unseres Immunsystems durch nichtbiologische Maßnahmen geht, heute vermutlich die bedeutendste Rolle. Dabei handelt es sich um äußerst komplexe Prozesse, da immer eine Vielzahl miteinander in enger Interaktion stehender Substanzen, zum Beispiel Neurotransmitter oder Hormone, betroffen sind. So konnte zum Beispiel nachgewiesen werden, daß bei Menschen, die regelmäßig Entspannungsübungen praktizieren, zunehmend höhere Mengen des Streßhormons Noradrenalin notwendig sind, damit sich der Blutdruck und die Herzschlagfrequenz erhöhen. Durch Entspannung »entsteht also eine Art Blockade gegen dieses Hormon und seine negativen Wirkungen. Die Streßreaktion beeinträchtigt durch die Ausschüttung der Streßhormone Adrenalin und Noradrenalin unsere Immunfunktion – und wir werden anfälliger für Viren und Bakterien. Wenn wir unter Streß stehen, sind wir nachgewiesenermaßen anfälliger für Erkältungskrankheiten« (Benson 1997, S. 25).

Psychische und emotionale Veränderungen

Entspannung fördert innere Ruhe und Gelassenheit, Zuversicht und Optimismus und reduziert Ängste und unangemessene Selbstzweifel, Wut und Verärgerung sowie Kränkung und Verletzbarkeit.
   Innere Ruhe und Gelassenheit, Zuversicht und Optimismus sind für die erfolgreiche Bewältigung unserer täglichen Herausforderungen von so zentraler Bedeutung, daß wir ohne sie auf Dauer vermutlich gar nicht überlebensfähig wären. Wer optimistisch und zuversichtlich an die Dinge herangeht wird eher erfolgreich sein, als wer sich von vornherein mit großen Selbstzweifeln plagt.

Stimmung ↑ = Leistung ↑

Aus der Forschung: Stimmung und körperliche Verfassung

Die Stimmungsforscher um Robert Thayer haben auf die Zusammenhänge zwischen körperlicher Verfassung und Stimmung aufmerksam gemacht. Während uns negative Stimmung schwächt und unsere Leistungsfähigkeit reduziert, sind wir bei guter Stimmung in der Lage, Herausforderungen besser zu bewältigen. Für uns interessant ist, daß nach Thayer et al. (1994) vor allem zwei elementare physiologische Zustände, nämlich Spannung/Entspannung und Energie/Energiemangel von besonderer Bedeutung sind. Diese lassen sich kombinieren:

Entspannt-energisch: Wir sind in körperlich guter Verfassung, ausgeruht, wach, aufmerksam und energiegeladen. Gleichzeitig fühlen wir uns entspannt und in der Lage, schwierige Aufgaben angehen zu können. Wir spüren unsere Kraft und Gelassenheit. Wir sind ohne weiteres in der Lage, unsere Aufmerksamkeit auf unser Ziel zu fokussieren – die Herausforderung verleiht uns Energie.

Entspannt-müde: Wir fühlen uns wie nach einer Radtour oder Wanderung. Wir haben körperlich etwas geleistet, spüren eine wohltuende Entspannung. Körperlich fühlen wir uns müde und dennoch entspannt. Wir können in dem Gefühl loslassen, heute etwas geleistet zu haben, auf das wir entspannt und zufrieden zurückblicken können.

Angespannt-energisch: Zwar haben wir Energie und fühlen uns körperlich leistungsfähig aber innerlich sind wir angespannt und nervös. Unser Herzschlag ist erhöht und die Muskeln angespannt, obschon wir keine sportliche Tätigkeit vorhaben. Die konzentrierte Gelassenheit des energisch-entspannten Zustands ist einer nervösen Übererregung gewichen, die uns daran hindert, unsere Aufmerksamkeit auf nur eine Anforderung zu fokussieren. Unser Denken ist überbeschleunigt und es fällt uns schwerer, ein Problem in seiner gesamten Tiefe analysieren zu können. Unser Motor arbeitet auf zu hohen Touren, was unnötig viel Energie verbraucht und Konzentration bindet. Wir sind nur suboptimal leistungsfähig und vor allem längerfristig bald ausgelaugt.

Angespannt-müde: Wir sind innerlich übermäßig angespannt, aber unsere Energie ist verbraucht. Obschon wir spüren, daß wir dringend abschalten sollten, fühlen wir uns dazu oft nicht in der Lage. In grübelnd und oft ängstlicher oder pessimistischer Art kreisen unsere Gedanken immer wieder um das gleiche Problem, wobei es immer unwahrscheinlicher wird, daß wir einen konstruktiven Lösungsansatz entwickeln können. Wir versuchen, häufig verkrampft, abzuschalten, was aber einfach nicht richtig gelingen will. Damit unterminieren wir den Glauben an unsere Erholungskompetenz und nähern uns in gefährlicher Weise einem Zustand, in dem viele zu problemverstärkenden Mitteln wie Alkohol oder Ähnliches greifen. Die durch Suchtmittel kurzfristig ausgelöste Spannungsreduktion erhöht allerdings die Gefahr der Verstärkung ungünstiger »Problembewältigungsmuster«, auf die die Betroffenen in späteren ähnlichen Situationen wieder zurückgreifen. Im Prinzip handelt es sich damit um einen fehlgeschlagenen »Selbstheilungsversuch«.

Was sind die Eckpfeiler *effektiven Stimmungs-Managements*? Sicher ist, es gibt Möglichkeiten, unsere Stimmung aktiv zu beeinflussen. Voraussetzung ist allerdings, daß wir in der Lage sind, unsere Stimmung adäquat einzuschätzen. Damit sind Methoden angesprochen, die unsere Sensibilität erhöhen. Ein Entspannungstraining nimmt hier den ersten Platz ein.

Was noch hilft? Die folgenden Ratschläge basieren auf der Befragung von einigen tausend Menschen in den USA und Australien. Wir können davon ausgehen, daß systematische Entspannungstrainings, angesichts ihrer immer noch erstaunlich geringen Verbreitung, hier weniger häufig genannt wurden.

Entsprechend geben die befragten Personen als wichtigstes Instrument zur Stimmungsregulation körperliche Bewegung an. Favoriten sind: Radfahren, Schwimmen, zügiges Gehen oder Jogging.

Wer langfristig emotional und mental fit sein möchte, integriert einige der folgenden Strategien in seinen Alltag:

→ körperliche Aktivität,
→ regelmäßiges Entspannungstraining,
→ Zeit für sich selbst
→ genügend Schlaf,
→ ausgewogene Ernährung.

Entspannungstraining im Einsatz

Das breite Spektrum der Anwendungsgebiete von Entspannung kann hier nur angedeutet werden. In den im folgenden aufgezählten Anwendungsgebieten liegen bereits gesicherte Erkenntnisse über die klinische Bedeutung von Entspannung vor. Angesichts der Vielzahl an Untersuchungen sei der interessierte Leser auf die Sammelbände von Dieter Vaitl und Franz Petermann (2000) verwiesen.

Die klinische Effektivität von Entspannung ist belegt bei Angststörungen, Asthma, Depression, Diabetes, Eßstörungen, Herzkrankheiten, Herzinfarkt, Hypertonie, Kopfschmerz und Migräne, Schlafstörungen, Schmerz, Sucht, Tinnitus, Zwängen und anderem mehr.

Entspannung wird eingesetzt bei Kommunikationstrainings, im Training sozialer Kompetenz, beim Streßmanagement, im Managementtraining und im Sport, in Schulen, Kliniken und sogar Wohnheimen für alte Menschen – überall kommen Entspannungsübungen mit steigender Tendenz zum Einsatz.

Dabei stehen zwei Ziele im Vordergrund:

1. Eine verbesserte Sensibilität und Körperwahrnehmung als Ausgangspunkt angestrebter Veränderungen.
2. Das Eintreten der mit Entspannung direkt zu erzielenden positiven Effekte, wie ich sie oben beschrieben habe.

Welche Schwierigkeiten können beim Entspannungstraining auftreten?

Zu Beginn des Entspannungstrainings können Störreize auftreten, die das Üben zunächst erschweren:

→ Nicht-abschalten-Können,
→ Gedanken, die immer wieder kommen,
→ körperliche Unruhe,
→ Körperempfindungen, die ängstigen,
→ plötzlich auftretende Traurigkeit,
→ Unbehagen gegenüber dem ruhigen Sitzen oder Liegen,
→ Sich-durch-Geräusche-abgelenkt-Fühlen,

Entspannung

→ Einschlafen während der Übung,

→ Nies-, Juck- oder Hustenreiz,

→ das Entspannungsgefühl stellt sich nicht so intensiv oder so
schnell wie erwartet ein.

Manche Menschen, die noch keine Erfahrung mit Entspannung
haben, glauben, daß sich dabei ganz besonders intensive und tiefe
Entspannungsgefühle einstellen, so als wenn man zum Beispiel
alles um sich herum vergißt oder wie eine Reise in eine gänzlich
andere Welt, aus der man dann wie aus einer Art Tiefschlaf wieder
auftaucht, um sich danach wie neugeboren zu fühlen. Sobald sie
aber mit dem Üben beginnen, kommen als störend empfundene
Gedanken oder Gefühle hoch, oder sie spüren körperliche Anspannung und Unruhe, die sich nicht gleich legt. Aus mangeln-
dem Wissen über Entspannung oder überhöhten Erwartungen
glauben sie dann, sie hätten etwas falsch gemacht und beginnen
gegen diese Ablenkungen anzukämpfen, was gut nachvollziehbar
ist. Physiologisch gesehen aktivieren sie damit aber vereinfacht
gesagt ihren »Körper« und erreichen das Gegenteil dessen, was
sie eigentlich anstreben.

Deshalb müssen wir an dieser Stelle eine wichtige Unterscheidung vornehmen. Nämlich die zwischen den Voraussetzungen für
Entspannung und dem, was wir mit Entspannung erreichen wollen. Innere Ruhe, Loslassen und Gelassenheit *ist nicht die Voraussetzung für Entspannung*, sondern deren Ergebnis.

Gedanken loslassen

Gedanken haben natürlich, und darauf weist der erfahrene Entspannungsexperte Daniel Wilk zurecht hin, eine lebenserhaltende
Funktion. Wir müssen unser Verhalten im nachhinein analysieren
und beurteilen und uns vorausplanend mit unserer Zukunft beschäftigen. Dazu braucht unser Gehirn Zeit. Vor allem bei denje-
nigen, die den ganzen Tag von einer Tätigkeit zur anderen wechseln, kommt dieser Verarbeitungsprozeß zu kurz. Auch wer belastende Gedanken mit sich trägt, braucht länger, um diese
verarbeiten zu können. Es ist deshalb ganz normal, daß sich gerade zu dem Zeitpunkt, wo wir eigentlich Zeit haben und nichts
tun müssen, diese Gedanken melden. Dies erschwert zweifellos
das Üben.

In dieser Situation bieten sich vor allem zwei Möglichkeiten an:

1. Die aufkommenden Gedanken einfach als solche akzeptieren und anschließend, in einem zweiten Schritt, die bewußte Aufmerksamkeit wieder auf die Körperwahrnehmung lenken. Oft ist es nötig, dies während einer Entspannungsübung mehrmals zu wiederholen.
2. Wenn Gedanken zu drängend oder belastend sind, können wir sie aufschreiben und anschließend üben. Vor allem bei sehr belasteten Gedanken kann es aber auch sinnvoll sein, das Üben zunächst zurückzustellen und sich stattdessen mit einer Person des Vertrauens auszusprechen.

Statt also vergeblich gegen störende Gedanken und andere Ablenkungen anzukämpfen, haben erfahrene Entspannungsexperten eine verblüffende Gegenstrategie entwickelt. Sie besteht darin, gerade die Störungen systematisch in das Training einzubauen, zum Beispiel: »Ich höre diese und diese Geräusche ...« Oder: »Ich spüre ein Kratzen in der Rachengegend ...« Oder: »Ich spüre innere Anspannung, die sich in meiner Magen-, Halsgegend befindet ...« Eignen Sie sich die Haltung an, einfach alles wahrzunehmen, ohne es zu bewerten.

Wilk beschreibt eine Übung, bei der Sie sogar dazu aufgefordert werden, Ihre Aufmerksamkeit genau auf das zu richten, was Sie als störend erleben.

Geräusche loslassen

> Nachdem du nun deine Augen geschlossen hast ...
> und vielleicht noch eine gewisse Spannung hier und dort in deinen Muskeln spürst ...
> oder Unruhe in deinen Gedanken erkennen kannst ...
>
> hörst du auf einmal den verschiedenen Geräuschen zu, die um dich herum zu hören sind ...
> versuche nicht, abzuschalten oder die Geräusche irgendwie zu verdrängen ...
> höre ihnen sogar möglichst aufmerksam zu ...
>
> und du kannst dabei feststellen ...
> vielleicht erstaunt dich das sogar ...
> daß die Geräusche völlig unabhängig von dir existieren ...

auch wenn du versuchst, sie zu ignorieren, sie verschwinden dadurch
nicht aus der Welt ...
und wenn du ihnen zuhörst, werden sie zwar deutlicher in deinem Kopf
...
aber existiert haben sie auch schon vorher ...
und so kannst du mit den Geräuschen um dich herum anfangen, was
du willst ...
sie werden in jedem Fall kommen ...
und gehen ...
für die Geräusche bist du nur einer von vielen Zuhörern ...
gleichgültig ob du nun auf sie achtest oder nicht ...
sie kommen und gehen ...

und ähnlich ist es mit deinen Gedanken ...
sie kommen und gehen ...
laß es zu ...
versuche als gelassener Beobachter den Dingen ihren Lauf zu lassen
...

da sind die Geräusche von außen und von innen ...
in denen du bei genauem Hinhören ...
vielleicht eine Melodie entdecken kannst ...
monoton und gleichmäßig mag es sich anhören ...
oder völlig zufällig und ungeordnet ...
und doch kann dein Ohr dir auch einen Zusammenhang vermitteln ...
auf den du bewußt vielleicht nie gekommen wärst ...

und so kannst du dich jetzt vielleicht wieder ein Stück weit einlassen
...
auf eine kurze oder auch lange Zeit der Ruhe in den nächsten Minuten
...
du kannst dich bewußt darauf vorbereiten ...
diese Zeit auch unbewußt zu nutzen ...
indem du dich jetzt in deine Schwere deines Körpers sinken läßt ...
in die weiche, warme Unterlage ...

(Wilk 1998, S. 958 f.)

Weitere Möglichkeiten im Umgang mit störenden Gedanken:

→ Stellen Sie sich darauf ein, daß störende Gedanken aufkommen werden, während Sie Entspannung üben. Denn Untersuchungen zeigen, daß Menschen aus dem westlichen Kulturkreis permanent innere Gedanken haben und höchstens ein bis zwei Minuten an buchstäblich nichts denken können.

→ Wenn Sie vor dem Üben eine emotional bewegende Situation erlebt haben, kann es sinnvoll sein, zunächst eine Aktivität zu unternehmen, um Abstand zu bekommen (einen Spaziergang machen, in die Sauna gehen, etwas Sport treiben). Gedanken können nicht wie das Licht einfach ausgeschaltet werden, auch wenn man sich dies manchmal wünscht.

→ Schreiben Sie, bevor Sie mit dem Üben anfangen, einfach alle Gedanken auf, die Ihnen durch den Kopf gehen. Dies ist auch eine sehr empfehlenswerte Übung um mehr Aufschluß über den inneren Dialog zu erhalten.

→ Achten Sie einmal darauf, wie Gedanken immer wieder auftauchen und dann verschwinden, ohne daß Sie die Gedanken festzuhalten brauchen. Lassen Sie die Gedanken einfach kommen und gehen.

→ Üben Sie zu einer anderen Tageszeit – zum Beispiel morgens statt abends.

→ Projizieren Sie aufkommende Gedanken in Ihrer Phantasie auf eine Wolke. Dort können Sie sie noch eine Zeitlang beobachten, um dann zuzusehen wie Wolke und Gedanken vom Wind ganz allmählich fortgetrieben werden und verschwinden. Dann kommen Sie wieder auf Ihre Übung zurück.

Entspannung und Typ-A-Persönlichkeit

Das Typ-A-Persönlichkeitskonzept stammt ursprünglich aus der Streßforschung. Die Intention war, diejenigen Personen herauszufinden, die besonders stark auf Streß reagieren. Menschen mit Typ-A-Persönlichkeit galten lange Zeit als ganz besonders streßgefährdet und trugen deshalb ein höheres Risiko als andere, an Krebs oder Herz-Kreislauf-Problemen zu erkranken.

Wichtige Merkmale der Streß-Typ-A-Persönlichkeit sind:

- steht oft unter Zeitdruck,
- ist ehrgeizig und leistungsorientiert,
- zeigt eine Abneigung gegenüber Ineffektivität und Trödelei, wie zum Beispiel Spielen oder gar nichts tun,
- arbeitet übermäßig viel,
- kann sich schlecht entspannen und erholen,
- befürchtet eher, daß etwas schiefgeht oder nicht geschafft wird,
- bewertet sich selbst eher negativ und kritisiert sich,
- sieht die Dinge eher pessimistisch,
- fühlt sich schnell unwohl,
- ist oft innerlich unruhig,
- hat Angst vor Kritik oder Mißerfolg,
- ist schnell kränkbar, reizbar und feindselig,
- besitzt ein labiles Selbstvertrauen und fühlt sich zum Beispiel nur bei Erfolg gut,
- zeigt ein starkes Streben nach Anerkennung,
- ist mißtrauisch gegenüber anderen,
- zeigt erhöhte Werte bei den Streßindikatoren Adrenalin und Cortisol,
- neigt schnell zu muskulärer Verspannung.

Obwohl dieses Konzept heute durch ein differenzierteres ersetzt wurde (siehe zum Beispiel Kupfer 1993) ist es für unsere Zwecke dennoch sehr hilfreich, weil wir berechtigtermaßen davon ausgehen können, daß es gerade für diese Menschen schwerer als für andere ist, Entspannung zu lernen.

Die Revision des Typ-A-Persönlichkeitskonzepts stellt weniger arbeits- und leistungsbezogene Aspekte in den Vordergrund. Statt dessen gelten Feindseligkeit, die Neigung zu chronischem Ärger sowie eine von Mißtrauen und Zynismus geprägte Grundhaltung anderen gegenüber als besonders schädlich.

Aus der Forschung: Sind Führungskräfte streßresistent?

Das Karlsruher Institut für Arbeits- und Sozialhygiene ging der Frage nach der Streßanfälligkeit bei Führungskräften nach. Dazu wurden etwa 6000 Führungskräfte befragt. Die Datenauswertung führte zu vier Gruppen von Streßtypen.

- Ein gesundes Leben führt demnach eine Gruppe von knapp 30 Prozent der Führungskräfte.
- Die Streßresistenz der Mitglieder der drei anderen Gruppen wird von den Forschern als ungünstig angesehen. Darunter fällt eine Gruppe von etwa 20 Prozent, bei denen Gefühle der Angst, Anspannung und Machtlosigkeit im Vordergrund stehen. Eine weitere große Gruppe von knapp 30 Prozent steht unter ausgeprägtem Leistungsdruck, ist sehr ehrgeizig und leidet unter ungesunder Daueranspannung. Die übrigen etwa 20 Prozent sind zwar weniger erfolgsorientiert, reagieren auf Anforderungen aber eher »lustlos« und mit »Verdrängung bei mangelnder Selbstkontrolle«.

Falls Sie glauben »ein bißchen« oder »ein bißchen mehr« zu den Menschen zu gehören, deren Streßresistenz als ungünstig angesehen wird, brauchen sie länger, um sich entspannen zu können. Eventuell haben Sie dies schon selbst bei sich bemerkt. Lassen Sie sich dadurch nicht entmutigen, nehmen Sie Rückschläge in Kauf, und gehen Sie davon aus, daß Ihr Entspannungstraining häufiger nicht so verläuft, wie Sie es sich wünschen.

Aus der Forschung: Hat Streßanfälligkeit eine genetische Komponente?

Zu dieser Frage finden wir aufschlußreiche Untersuchungen über das Verhalten junger Hunde und Katzen. Gezielte Beobachtungen konnten aufdecken, daß sich Jungtiere aus dem gleichen Wurf deutlich unterschiedlich verhielten. Während sich die meisten Jungen normalerweise für alles Neue sehr lebhaft interessieren und unerschrocken darauf zugehen, gibt es immer wieder einige Tiere, bei denen die Forscher ein anderes Verhaltensmuster feststellen konnten. Diese verhielten sich eher ängstlich, zurückgezogen und furchtsam. Auch nachdem sie ausgewachsen waren, verhielten sich diese Tiere ähnlich.

Natürlich sind solche Untersuchungen nicht ohne weiteres auf den Menschen übertragbar. Traue berichtet nun aber, wie sogar

Babys unterschiedlich auf leichte Streßreize reagieren. Neugeborene wurden milden Streßreizen ausgesetzt, indem man ihnen zum Beispiel für einige Zeit ihren Schnuller wegnahm. Während sich manche nicht sonderlich stark beeindruckt zeigten, reagierten andere mit deutlichen Zeichen von Weinen und Jammern. Interessanterweise finden wir bei diesen Babys auch ungünstigere physiologische Reaktionsmuster, wie zum Beispiel deutlich erhöhter Herzschlag, als bei robusteren Gleichaltrigen (Traue 1998).

Vieles deutet darauf hin, daß es diesen Menschen später als Erwachsenen schwerer fällt, sich weniger streßanfällig zu zeigen und sich nach streßhafter Belastung wieder zu entspannen.

Autogenes Training

J.H. SCHULZ 1930-1940

Im folgenden lernen Sie die beiden wichtigsten und wissenschaftlich am besten erforschten Entspannungsmethoden, das Autogene Training und die Progressive Muskelentspannung, im Wortlaut kennen. Zwei weitere Entspannungsverfahren zeigen Ihnen die Bandbreite der heute vorhandenen Entspannungsmethoden auf. Obschon sie nicht über die gleiche wissenschaftliche Absicherung verfügen, dürften sie als ebenso effektiv wie die beiden traditionellen Verfahren anzusehen sein.

Das von J. H. Schultz in den zwanziger und dreißiger Jahren des letzten Jahrhunderts entwickelte Autogene Training war in der Vergangenheit besonders in Deutschland verbreitet. Es unterscheidet zwischen einer Unter- und Oberstufe und soll unter ärztlicher Begleitung gelernt werden.

Sie setzen sich in die für das Autogene Training typische Droschkenkutscherstellung, wobei Ihr Oberkörper leicht nach vorne geneigt ist und die Unterarme locker auf den Oberschenkeln ruhen, und sagen sich innerlich die unten aufgeführten Vorsatzformeln.

Die Übungen sind in 6 speziell benannten Stufen unterteilt. Das Training sieht vor, von einer Stufe zur nächsten zu schreiten.

Beurteilung des Verfahrens:
Bis vor einiger Zeit wurde bei der Vermittlung der Übungen Wert darauf gelegt, daß sie genau so durchgeführt werden wie beschrieben. Individuelle Abweichungen waren nicht vorgesehen. Diese feste Durchführungsvorgabe führte bei den Teilnehmern, die mit einzelnen Übungsteilen, häufig der Herz- oder Atemübung, Schwierigkeiten hatten, zu Verunsicherung und Widerstand und viele brachen daraufhin das Training ab. Tatsächlich können diese

Entspannung

beiden Übungsteile Ängste und Verunsicherungen auslösen, vor allem die Herzübung bei Menschen mit offener oder latenter Angst vor einer Herzerkrankung. Die Vorgabe, nur unter Anleitung zu üben, ist deshalb sinnvoll.

Das Training ist im Vergleich zu ähnlichen Verfahren relativ zeitaufwendig. Für den, dem die Methode oder einzelne Übungsteile daraus, zum Beispiel die Schwere-, Wärme-, Sonnengeflechts- oder Kopfübung zusagen, kann Autogenes Training zweifellos eine wertvolle Anregung sein.

1. Schwereübung
 − Mein rechter Arm ist schwer.
 − Mein linker Arm ist schwer.
 − Mein rechter Fuß ist schwer.
 − Mein linker Fuß ist schwer.
2. Wärmeübung
 − Mein rechter Arm ist warm.
 − Mein linker Arm ist warm.
 − Mein rechter Fuß ist warm.
 − Mein linker Fuß ist warm.
3. Herzübung
 − Mein Herz schlägt ruhig und gleichmäßig.
4. Atemübung
 − Meine Atmung ist ruhig und gleichmäßig.
5. Sonnengeflechtsübung (das Sonnengeflecht liegt etwa in Höhe des Bauchs)
 − Mein Sonnengeflecht ist strömend warm.
6. Kopfübung
 − Meine Stirn ist angenehm kühl.

Progressive Muskelentspannung

JACOBSEN

Interdependenz : Angst - Anspannung

Die Progressive Muskelentspannung wurde von Jacobson zur Reduktion von Angst und Spannungen entwickelt. Sie wirkt über den Abbau der Muskelspannung. Bei seinen Studien, die er ab 1908 begann, beobachtete Jacobson, daß bei Menschen, die unter Angst und Angespanntsein leiden, Muskelverspannungen einen zentralen Teil der Symptomatik darstellen. Umgekehrt bemerkte er, daß muskuläre Entspannung als direkter physiologischer Gegenpart zu Angst und Anspannung betrachtet werden kann. »Er entdeckte, daß durch systematische An- und Entspannung verschiedener Muskelgruppen und durch den Lernvorgang, *sich auf die daraus resultierenden Gefühle der Spannung und Entspannung zu konzentrieren und sie zu unterscheiden,* jemand fast völlig alle Muskelkontraktionen beseitigen und das Gefühl tiefer Entspannung erleben kann« (Bernstein u. Borkovec 1975). Das Gefühl tiefer Entspannung ist wiederum unvereinbar mit Angst oder Angespanntsein.

Damit hatte er eine Methode zur Behandlung von Ängsten und Anspannung entwickelt, die mittlerweile durch zahllose Untersuchungen wissenschaftlich abgesichert werden konnte. Besonders interessant ist die in seiner Studie aufgezeigte enge Interdepen-

Emotion	Physiologie
Angst ⟶	Körperliche Anspannung und Verkrampfung
Reduktion von Angst ⟵ Erhöhung von Ruhe und Gelassenheit	Körperliche Entspannung

Abbildung 4: Zusammenhang von Angst und Körperanspannung

Entspannung

denz zwischen Angst und körperlicher Anspannung. Eine Beeinflussung der emotionalen Befindlichkeit ist über eine Veränderung der Körperspannung erreichbar. Diese kann im Prinzip von jedem erlernt werden, wobei die Behandlung von Ängsten in Zusammenarbeit mit einem Fachmann durchgeführt werden muß. Das Besondere an den Studien von Jacobson ist, daß sie die enge Verflechtung von Physis und Emotionen aufzeigen. Emotionen führen zu körperlichen Veränderungen und umgekehrt. Körperliche und emotionale Prozesse sind also nicht als getrennt und unabhängig voneinander anzusehen, sondern sie sind eng miteinander verflochten. Neue Untersuchungstechniken bestätigten eindrücklich die von Jacobson zunächst rudimentär aufgezeigten Zusammenhänge.

So gehen Sie bei der Progressiven Muskelentspannung vor:

– Setzen Sie sich bequem hin und lockern Sie enge Kleidung.
– Wenn Sie möchten, können Sie die Augen schließen und ein- bis zweimal tief ein- und ausatmen.
– Richten Sie Ihre Aufmerksamkeit auf Ihren Körper. Sie spüren, wie die Füße auf dem Boden aufliegen, wie Sie auf dem Stuhl sitzen, wie Ihre Unterarme auf der Stuhllehne aufliegen.
– Konzentrieren Sie sich jetzt auf Ihr rechtes Bein. Heben Sie das rechte Bein, bis das Knie durchgedrückt ist und ziehen Sie die Fußspitze in Richtung Gesicht. Ganz fest anziehen und die Spannung spüren und circa 5 Sekunden festhalten. Dabei atmen Sie ruhig und entspannt weiter. Jetzt entspannen und konzentrieren Sie sich auf den Unterschied zwischen An- und Entspannung. Das kann ein leichtes Kribbeln oder Ziehen sein oder einfach ein angenehmes Gefühl der Entspannung oder ein Gefühl von wohltuender Wärme oder angenehmer Schwere. Lassen Sie sich einfach Zeit, diesem Gefühl ein wenig nachzuspüren.
– Sie können die Übung jetzt wiederholen.
– Anschließend führen Sie die gleiche Übung mit dem linken Bein durch und wiederholen Sie sie einmal.
– Sie konzentrieren sich noch einmal auf Ihr rechtes Bein. Sie heben wieder das rechte Bein, bis das Knie durchgedrückt ist. Sie drücken jetzt aber die Fußspitze vom Gesicht weg, Richtung Boden . . . ganz fest. Sie halten die Spannung wieder für circa 5 Sekunden und atmen dabei einfach weiter. Lassen Sie wieder los und beachten Sie den Unterschied zwischen An- und Entspannung.
– Sie können die Übung jetzt wiederholen.

- Jetzt führen Sie die gleiche Übung mit dem linken Bein durch und wiederholen sie einmal.
- Ballen Sie die rechte Hand zur Faust, spannen Sie die Muskeln fest an und halten Sie die Spannung etwa 5 Sekunden lang an. Dabei atmen Sie einfach ruhig und tief weiter. Jetzt entspannen Sie die Hand wieder, lassen einfach los und beachten den Unterschied zwischen An- und Entspannung.
- Sie können diese Übung noch ein zweites Mal wiederholen.
- Mit der linken Hand führen Sie die gleiche Übung ein- bis zweimal durch.
- Jetzt konzentrieren Sie sich auf Ihre Bauchmuskulatur. Spannen Sie die Bauchmuskeln fest an oder pressen Sie die Bauchdecke fest nach außen. Dann lassen Sie los und beachten den Unterschied zwischen An- und Entspannung. Sie wiederholen die Übung ein zweites Mal.
- Spannen Sie Ihre Schultern an, indem Sie sie für circa 5 Sekunden ganz hochziehen, bis der Kopf fast zwischen den Schultern liegt – so fest Sie können. Dann lassen Sie wieder los.
- Konzentrieren Sie sich auf Ihre Gesichtsmuskeln. Sie können
  • die Zähne fest aufeinanderpressen und loslassen,
  • die Augen fest zusammenkneifen und loslassen,
  • die Augenbrauen nach oben ziehen oder fest zusammenpressen,
  • den Mund weit aufsperren.
- Es ist gut, nach den Übungen einfach noch einige Minuten dazuliegen und zu entspannen, um dann langsam wieder in den Alltag zurückzukehren.

Nützliche Hinweise für die Praxis:

1. Es ist nicht so wichtig, daß Sie die Übungen so korrekt wie möglich durchführen, sondern es ist viel wichtiger, daß Sie sich auf den *Unterschied zwischen Anspannung und Entspannung* konzentrieren. Achten Sie besonders auf diesen Unterschied.
2. Versuchen Sie, sich Ihr Gefühl während der Entspannungsphase so genau wie möglich zu beschreiben. Das kann ein Kribbeln, Ziehen oder auch ein leichtes Kitzeln sein oder irgendetwas anderes. Egal, wie es sich anfühlt, Sie unterstützen die Entspannung, wenn Sie versuchen, die dabei entstehenden Empfindungen zu beschreiben, ohne sie zu bewerten.
3. Zu den beschriebenen Übungen gibt es inzwischen zahlreiche Varianten. Falls Ihnen einer der Übungsteile aus irgendeinem Grund nicht zusagt, lassen Sie ihn einfach aus. Selbstverständ-

lich können Sie auch die Reihenfolge der einzelnen Übungs-
abschnitte verändern, wie dies von einigen Autoren beschrieben wird.

4. Wenn Sie mit diesem Verfahren Erfahrung gesammelt haben,
können Sie die Anspannungsphase einfach auslassen und sich
lediglich auf die Entspannung der einzelnen Muskelgruppen
konzentrieren.

Progressive Muskelentspannung ist ein leicht zu erlernendes und
effektives Entspannungsverfahren mit geringem Zeitaufwand.
Kurze Übungen sind an jedem Ort, im Zug oder im Flugzeug,
möglich und haben einen positiven Effekt. Progressive Muskelentspannung trägt bei regelmäßigem Training entscheidend zur
Verbesserung der Körperwahrnehmung bei. Energieverbrauchen-
de Körperverspannungen werden frühzeitig erkannt und ermöglichen ein rechtzeitiges Gegensteuern. Die verbesserte Körper-
sensitivität besitzt damit die Funktion eines *Frühwarnsystems*. Es
ermöglicht einen ökonomischen Umgang mit den eigenen Ener-
giereserven und stellt so eine der Hauptvoraussetzungen für ein
hohes Leistungsniveau über einen längeren Zeitraum dar.

Zwischenbilanz

Die beiden klassischen Entspannungsverfahren fokussieren auf
körperliche Vorgänge. Beim Autogenen Training geschieht dies
mittels Selbstinstruktion und bei der Progressiven Muskelentspannung durch den Wechsel von körperlicher An- und Entspannung und parallel dazu durch die gedanklich unterstützte Konzentration auf diesen Vorgang. Trainierte Personen können bei der
Progressiven Muskelentspannung den gleichen Effekt allein
durch gedanklich hergestellte und durch inneres Selbstgespräch
begleitete Konzentration auf den Entspannungsvorgang erreichen, ohne Muskelan- und -entspannung.

Diese Beschränkung auf den rein körperlich-muskulären Entspannungsvorgang hat den Vorteil, daß wir die über die körperliche Entspannung erzielte Rückmeldung deutlich wahrnehmen.
Vor allem bei der Progressiven Muskelentspannung wird das Entspannungsgefühl durch den Wechsel von An- und Entspannung
unterstützt. Die positive Rückmeldung, die der Übende erhält

wirkt als Verstärkung und erleichtert das Training. Deshalb ist Progressive Muskelentspannung in der Regel leichter erlernbar als das Autogene Training.

Dennoch mag diese Beschränkung auf den rein körperlichen Vorgang überraschen. Wenn auch sehr gezielt sprechen wir damit doch nur einen Aspekt unserer Gesamtpersönlichkeit an. Die emotional-psychische Seite, zum Beispiel vermittelt durch eine Selbstinstruktion wie: »Ich fühle mich sicher und ruhig«; die kognitive Seite zum Beispiel vermittelt durch den Vorsatz: »Ich bin in der Lage, weitere Fortschritte zu erzielen, wenn ich mich darum bemühe«; und der Aspekt der direkten Verhaltensanweisung, zum Beispiel durch die Selbstanweisung: »Ich werde zuerst Aufgabe A erledigen und nach einem kurzen Durchatmen den nächsten Schritt in Angriff nehmen« können nicht genutzt werden.

Die im nächsten Hauptkapitel beschriebenen Self-Coaching-Module überwinden diese Schwäche. Sie öffnen damit das Tor, alle Aspekte unserer Persönlichkeit gezielt anzusprechen.

Bis vor einigen Jahren war es üblich, für die unterschiedlichen Entspannungsverfahren wie zum Beispiel das Autogene Training oder die Progressive Muskelentspannung genaue Vorgehensanleitungen vorzugeben, die jeder einzuhalten hatte. Dies ist dann sinnvoll, wenn es um die wissenschaftliche Erforschung der Auswirkungen von Entspannung geht.

In der Praxis setzt sich aber ein immer flexibleres und an den Bedürfnissen und Wünschen des einzelnen orientiertes Vorgehen durch.

Die entscheidende Verbesserung der beiden im folgenden aufgeführten Trainings liegt darin, daß sie die ursprünglich unflexiblen Entspannungsinstruktionen durch flexiblere ersetzen. Damit sind Sie als Anwender in der Lage, sich ein eigenes Training gemäß Ihren Bedürfnissen zusammenzustellen.

Entspannung nach Bernhard Trenkle

Das Verfahren geht auf Bernhard Trenkle, Leiter des Milton Erickson-Instituts in Rottweil, zurück. Es geht dabei darum, die nach außen gerichtete Aufmerksamkeitsfokussierung auf eine nach innen gerichtete zu übertragen.

1. Durchgang

Bei geöffneten Augen registrieren Sie einfach, was Sie gerade sehen, hören und spüren oder fühlen, zunächst viermal, dann dreimal, zweimal und einmal.

Beispiel

Viermal Sehen:
- Ich sehe vor mir einen kleinen Fleck auf dem Boden
- und sehe wie der Rand des Flecks langsam verschwimmt
- und mein Blick leicht abgleitet
- und ich sehe Helligkeit an der Peripherie meines Blickfeldes

Viermal Hören:
- Ich höre das Fahren von Autos oder Verkehrslärm
- und wie jemand eine Türe zumacht
- und gedämpftes Sprechen aus dem Nebenraum
- und das Surren eines Notebooks

Viermal Spüren:
- Ich spüre, wie meine Arme auf der Stuhllehne ruhen
- und wie mein Nacken leicht verspannt ist
- und wie meine Füße den Boden berühren
- und meine Hände zu kribbeln anfangen

Jetzt mit dreimal, zweimal und einmal sehen, hören, spüren weiterfahren.

2. Durchgang

Sie suchen sich eine Situation aus, in der Sie ruhig und entspannt waren. Mit offenen oder geschlossenen Augen beschreiben Sie sich die Situation so, als würden Sie sie jetzt gerade wieder erleben, als wären Sie jetzt genau wieder in dieser Situation. Sprechen Sie in der Gegenwart wie bei einer Live-Reportage.

Beispiel einer Urlaubssituation am Meer:

Ich erinnere mich jetzt an eine schöne Zeit,
die ich am Meer verbracht habe,
an eine Zeit, in der ich mich ruhig und angenehm fühlte. Sehr gut.
Und es gibt nichts, was jetzt dringend erledigt werden müßte,
und ich merke, wie ich Zeit für mich selbst habe, um einfach loszulassen
und eigenen Wünschen und Bedürfnissen nachzugehen. Sehr gut.

Und jetzt erinnere ich mich wieder daran, wie die Gegend aussieht und ich kann die Landschaft vor mir sehen,
bewaldete Hügel, Felsen und Klippen.

Jetzt sehe ich wieder den Ort vor mir, in dem wir gewohnt haben,
die einzelnen Häuser, Straßen und Geschäfte,
und ich rieche die Düfte, die den Ort umgeben
und spüre die angenehme Wärme
und höre die Geräusche von Menschen und Autos.

Dann fällt mir wieder das Hotel ein, in dem wir gewohnt haben.
Das Zimmer, den Geruch von Essen und Kaffee, und die Geräusche
Jetzt erinnere ich mich an den Weg ans Meer.
Ich sehe die Straße vor mir mit ihren Häusern und das spezielle Pflaster
an diesem Ort.
Ich spüre die wohltuende Wärme, die mich umgibt,
und rieche diesen typischen süßlichen Duft
und höre Geräusche von Autos und Stimmen.

Jetzt komme ich am Strand an.
Ich blicke aufs weite blaue Meer hinaus, das leicht bewegt ist.
In ruhigem, gleichmäßigem Rhythmus rollen seine Wogen an den Strand,
und ich rieche die leicht nach Salz und Meer schmeckende Luft

Entspannung

und höre das immer wieder gleich anschwellende Geräusch der Wogen
und Rufe der Schwalben
und sehe den tiefblauen Himmel mit einigen weißen Wolken, die vor-
überziehen.
Und jetzt spüre ich den warmen Sand unter meinen Füßen
und die angenehme Wärme der Sonne auf meiner Haut.

Und ich spüre die angenehme innere Ruhe, die meinen Körper durch-
strömt
und fühle mich entspannt und ausgeglichen.
Ich genieße es, diese Eindrücke einfach aufzunehmen,
ohne etwas erreichen zu müssen.
Ich kann es einfach genießen loszulassen und an nichts zu denken
und zufrieden und entspannt zu sein.

Und nachdem ich noch eine Weile so verbracht habe,
verabschiede ich mich gedanklich ganz allmählich von diesem Ort
und richte meine Aufmerksamkeit auf die Gegenwart
und höre die Geräusche um mich herum
und sehe das Licht, das mich umgibt,
und komme in meinem eigenen Tempo wieder in die Gegenwart zurück.

Entspannung nach Carl Simonton

Dieses Verfahren stammt von dem amerikanischen Krebsthera-
peuten Carl Simonton, der das von ihm aufgebaute Krebszentrum
in Californien leitet.

Nun hast du dich bequem niedergelassen.
Jetzt atmest du langsam ein und aus, . . . ein und aus – ein paar Mal –
ganz tief und ruhig . . . ein und aus.
Während du atmest, sagst du in Gedanken zu dir selbst: ›Loslassen . . .
Alles ganz locker loslassen.‹
Sehr gut
Du kannst auf deine Atmung achten und beim Ausatmen die Worte
wiederholen: alles loslassen . . .

Während du nun weiterhin tief, langsam und ruhig atmest, . . .
richtest du deine Aufmerksamkeit auf mögliche Verspannungen in deinem Kopf und auf deiner Stirn . . .
und während du ausatmest, laß die Muskeln von Kopf und Stirn sich
lösen . . ..
Und während du atmest, ein . . .. und aus, sag in Gedanken zu dir selbst:
›Alles loslassen . . .‹ und richte deine Aufmerksamkeit auf deine Wan-
gen- und Kiefermuskulatur . . .
und laß auch dort mögliche Verspannungen sich lösen und dein Gesicht sich entspannen . . .

Und während du weiter atmest, tief, langsam und ruhig,
laß deinen Körper sich weiter lösen.
Laß deinen Nacken und deine Schultern sich entspannen . . .
und deine Oberarme,
die Unterarme
und deine Hände sich entspannen . . .

Entspannung

und deinen Rücken sich lösen . . .
ganz entspannt . . .

und nun kannst du die Entspannung hineinnehmen in deine Brust . . .
in dein Sonnengeflecht . . .
und in dein Becken . . .
sehr gut . . .

Und wenn du möchtest, kannst du noch ein wenig weiter loslassen . . .
Und während du weiter tief und ruhig atmest, ein und aus . . . kannst
du weitergehen . . . und laß deine Hüften sich entspannen . . .
deine Oberschenkel . . .
deine Waden . . .
und deine Füße . . .

Und nun, wo dein Körper in einem Zustand der angenehmen Ruhe ist,
kannst du dir vorstellen, du bist an einem Ort, an dem du dich sicher,
ruhig und beschützt fühlst . . .
Der Ort kann real sein oder deiner Phantasie entstammen . . . es kann
ein Ort sein, wo du schon einmal warst . . . oder einer den du noch nie
gesehen hast . . .
Und während du weiter langsam tief und ruhig atmest, laß dir die Zeit,
die du brauchst, um dir diesen Ort vorzustellen . . .

Beurteilung der Verfahren von Trenkle und Simonton

Beide sind sehr kreative Weiterentwicklungen des ursprünglichen
Entspannungstrainings, mit deren Hilfe es vielen Menschen
schnell gelingt, sich zu entspannen. Es kann davon ausgegangen
werden, daß sie die gleichen positiven Effekte auslösen wie Autogenes Training und Progressive Muskelentspannung.

Eine Kurzanleitung, die zentrale Gedanken zum Entspannungstraining zusammenfaßt, wurde in Psychologie Heute Compact (1997) veröffentlicht:

→ Wählen Sie ein Wort, einen Begriff, ein Gebet, das/den Sie als Fokus verwenden wollen, oder konzentrieren Sie sich nur auf Ihren Atem.

→ Sitzen Sie ruhig in einer bequemen Haltung.

→ Schließen Sie die Augen.

→ Entspannen Sie die Muskeln.

→ Atmen Sie langsam und natürlich und wiederholen Sie Ihr Fokuswort jedesmal beim Ausatmen.

→ Bleiben Sie passiv, kümmern Sie sich nicht darum, ob Sie es gut machen. Wenn Ihre Gedanken wandern, lenken Sie sie auf den Fokus zurück.

Sie haben jetzt eine Reihe von Entspannungsverfahren kennengelernt. Damit sind Sie in der Lage, Ihr Entspannungsverfahren auszuwählen oder selbst zu konstruieren. Wie Sie gesehen haben, gibt es eine Vielzahl im Prinzip ähnlicher Varianten. Lassen Sie sich nun von den genannten Verfahren inspirieren. Suchen Sie sich entweder eine der Methoden aus, von der Sie sich bereits angesprochen fühlen, oder entwickeln Sie an Hand der Hinweise Ihr eigenes und persönliches Entspannungsverfahren.

Aus der Praxis:
Entspannungstraining für souveränes Agieren in exponierten Situationen

Angemessenes Handeln setzt ein Erregungsniveau voraus, das zur Tätigkeit, die wir gerade ausführen, paßt. Die beiden Pole, zwischen denen unser Aktivitätsniveau pendelt, sind auf der einen Seite Schlaf oder schlafähnliche Zustände und auf der anderen Seite Panik. Die meisten beruflichen Situationen erfordern wache Aufmerksamkeit oder konzentrierte Aufnahmebereitschaft.

In Situationen, für die ein hoher Grad an Exponiertsein charakteristisch ist, wie den Vorsitz bei einer Verhandlung führen, einen Workshop moderieren oder eine Präsentation vorführen, reagieren viele Menschen vor allem dann mit einer Übererregung, als wenn sie sich in einer Art öffentlicher Prüfung sehen. Das Ergebnis der eigenen Arbeit wird dadurch reduziert. Der Fähigkeit, das eigene Erregungsniveau auf ein angemessenes Ausmaß reduzieren zu können, kommt hier eine wichtige Rolle zu.

Entspannungstechniken in Kombination mit Self-Coaching-Techniken sind hier die Methoden par excellence wie das Beispiel zeigt.

C.E: Frau Hansen, in welchem Zusammenhang sind Sie auf Entspannung gestoßen?

Frau Hansen: Ich habe schon lange auf meine neue Position als Sprecherin unserer Abteilung hingearbeitet. Dann hat mich aber die neue Aufgabe und vor allem die zahlreichen Präsentationen, die ich durchführen und die vielen Workshops, die ich leiten muß, doch ziemlich belastet.

C.E: In welcher Hinsicht?

Frau Hansen: Es hat mich nervös gemacht, vor so vielen Menschen auftreten zu müssen. Ich hatte das Gefühl, permanent im Zentrum der Aufmerksamkeit zu stehen und dauernd beobachtet zu werden. Ich stellte an mich den Anspruch, immer etwas ganz besonderes bieten zu müssen und bereitete mich oft nächtelang auf eine wichtige Präsentation oder einen Workshop vor. Trotzdem war ich dann in der jeweiligen Situation immer wieder nervös und angespannt und unzufrieden mit mir. Nach einem solchen Tag litt ich oft unter Kopfschmerzen und mein Schlaf wurde schlechter. Das hat mich alarmiert.

C.E: Was haben Sie dann gemacht?

Frau Hansen: Von einer Kollegin habe ich von Entspannung gehört und dann regelmäßig geübt. Nachdem ich das gut konnte, habe ich mich zu Hause im Entspannungstraining ganz allmählich an schwierige Situationen herangetastet. Dazu habe ich mir in entspanntem Zustand vorgestellt, wie ich auf dem nächsten Workshop bin. Anfangs konnte ich mir diese Situation nur ganz kurze Zeit vorstellen, weil allein der Gedanke daran mich nervös machte. Deshalb habe ich mir die entsprechende Situation nur kurz vorgestellt und mich dann sofort wieder entspannt. Dazu habe ich mir vorgestellt, wie ich mit jedem Atemzug jede Muskelgruppe entspanne und einfach loslasse. Mit der Zeit machte ich Fortschritte und konnte immer länger an den Workshop denken, ohne nervös zu werden. Ich habe mir dann im Training regelmäßig gesagt: »Das ist ein Workshop – ich bin neugierig auf die Teilnehmer und ihre Ideen. Wenn sie nicht gleich begeistert mitmachen, oder in einem Teil weniger Engagement zeigen, nehme ich es einfach zur Kenntnis – dies kann viele Gründe haben. Du bleibst ruhig und gelassen, indem du tief durchatmest, auf eventuelle körperliche Verspannungen achtest, und dich entspannst und losläßt.« Natürlich nutze ich dafür ganz gezielt kleine Pausen, zum Beispiel, wenn die Teilnehmer in einer Arbeitsgruppe arbeiten.

Kommentar: Frau Hansen ergänzt ihr Entspannungstraining mit positiven Selbstgesprächen und posthypnotischen Aufträgen für Ruhe und Gelassenheit. Diese Techniken sind im Kapitel Self-Coaching erläutert.

C.E: Welche Erfahrungen haben Sie gemacht?

Frau Hansen: Auf einer 10er Skala, auf der 10 der höchste Wert für Anspannung und Nervosität ist und Null für absolute Ruhe und Ausgeglichenheit steht, wie es für die Moderation eines Workshops sinnvoll wäre, gab ich mir früher einen Wert von 8 bis 9. Heute liegt der Wert zwischen 4 bis 6 und mit diesem Ergebnis bin ich sehr zufrieden.

Hinweise und Empfehlungen für Ihr Training

Der Entspannungsexperte Christmann (1996) betont zu Recht, daß jede Entspannung mit der Einstellung beginnt, sich etwas Zeit für sich selbst zu nehmen. Ebenso wichtig wie die Übungen selbst ist eine innere Haltung, die darauf verzichtet, Entspannung zu trainieren, um unbedingt ein bestimmtes Ziel zu erreichen. Eine überhöhte Zielorientierung ist dann stark streßinduzierend, wenn es um Verhalten geht, das teilweise spontaner Natur und nicht allein über den Willen steuer- und abrufbar ist. So wie man sich nicht zum Einschlafen zwingen kann, kann man sich auch nicht zur Entspannung zwingen. Im Gegensatz dazu sind wir aber jederzeit dazu in der Lage, unseren Namen zu schreiben oder uns die Hände zu waschen.

Die diversen Schulen mentaler Beeinflussung sind sich darüber einig, daß Entspannung am besten auf dem Hintergrund von innerer Ruhe und Gelassenheit gelingt. Wer dabei von sich selbst zuviel will, bekommt eher weniger. Dieser paradox anmutende Charakter einer im Prinzip uralten Weisheit, nämlich loszulassen, um zu bekommen, stellt für fast jeden eine der größten Herausforderungen im täglichen Umgang mit Entspannungstraining und Self-Coaching dar.

Empfehlungen:

- Der *therapeutische* Einsatz von Entspannungsverfahren muß unter fachlicher Begleitung durch Ärzte oder Diplom-Psychologen erfolgen. Zwar sind so gut wie keine Nebenwirkungen bei diesen Verfahren bekannt, dennoch gibt es Krankheitsbilder oder Phasen, bei denen von Entspannung unbedingt abzusehen ist, wie zum Beispiel während eines akuten Migräneanfalls.

– Entspannungtrainings und Meditationskurse werden auch regelmäßig von den Volkshochschulen angeboten. Der Einstieg darüber ist meist einfacher als das Lernen aus dem Buch. Falls Sie schon über Erfahrung mit einem solchen Verfahren verfügen, können Sie sofort mit den Übungen in diesem Buch beginnen.

– Beachten Sie, daß sich die Wirksamkeit von Entspannungsverfahren dann entfaltet, wenn Sie regelmäßig üben. Entspannung und Self-Coaching sind keine Verfahren, die man vier Wochen anwendet, um danach damit wieder aufzuhören.

– Suchen Sie sich die Entspannungsmethode aus, die Sie spontan am meisten anspricht und beginnen Sie Ihr Training damit.

– Die beschriebenen Entspannungsanleitungen können Sie sich auf Kassette aufnehmen. Dies hat den Vorteil, daß Sie abschalten und sich ganz auf Ihre Kassette konzentrieren können, statt sich selbst einen Entspannungstext jeweils neu ausdenken zu müssen.

– Versuchen Sie, beim Training eine gelassene Haltung einzunehmen. Machen Sie sich keine Sorgen darüber, ob Sie es richtig machen oder nicht.

– Egal mit welcher Methode Sie sich auch entspannen, einströmende und ablenkende Gedanken werden auf jeden Fall auftreten. Nehmen Sie es einfach zur Kenntnis und glauben Sie nicht, daß Sie es deshalb in irgendeiner Form schlecht machen oder für ein Entspannungtraining nicht geeignet sind. Sobald Sie fremde Gedanken bemerken, akzeptieren Sie diese einfach und konzentrieren Sie sich anschließend wieder auf Ihr Training.

– Trainieren Sie genügend lange Entspannung, bevor Sie mit Self-Coaching beginnen. Beginnen Sie mit Self-Coaching erst dann, wenn Sie sich mit Ihrem Entspannungsverfahren sicher fühlen.

Teil III | Self-Coaching

Grundlagen von Self-Coaching

Bis hierhin konzentrierten wir uns auf die gezielte Veränderung körperlicher Vorgänge. Obwohl die durch Entspannung erzielten Effekte indirekt positiv auf unseren gesamten Organismus ausstrahlen, gehen wir in diesem Kapitel einen Schritt weiter.

Im Vordergrund stehen Methoden, die auf die direkte Veränderung unserer Gedanken, Vorstellungen und inneren Bildern abzielen. Damit lassen sich Emotionen beeinflussen, unsere Selbstwirksamkeitsüberzeugungen steigern und gezielt Verhaltensmuster je nach situativen Anforderungen aufbauen.

Da die einzelnen Self-Coaching-Module bisher nur wenig beforscht sind, werden wir uns bei ihrer wissenschaftlichen Fundierung schwerpunktmäßig mit angrenzenden Bereichen befassen, die eingehender untersucht wurden.

Zum besseren Verständnis analysieren wir in einem ersten Schritt ausführlich die Rolle von inneren Selbstgesprächen und Kognitionen an Hand eines Fallbeispiels. Gedanken, Selbstgespräche, innere Bilder und Selbstbeurteilungen sind in der Regel so stark automatisiert, daß sie sich unserer bewußten Wahrnehmung häufig entziehen. Dennoch haben sie erhebliche Konsequenzen.

Aus der Praxis: Mentalen Prozessen auf der Spur – Über die Entstehung negativer mentaler Kreisläufe

Bei Kindern und Jugendlichen liegen diese Prozesse noch stärker an der Oberfläche und sind deshalb leichter beobachtbar. Das Interview mit dem 11jährigen Pascal, den ich wegen Rechenschwierigkeiten untersuchte, verdeutlicht die weitreichenden Konsequenzen mentaler Prozesse.

C.E.: Was passiert, wenn du mit dem Rechnen nicht mehr weiterkommst?

P.: Ich komm an einen Punkt, an dem nichts mehr geht. Ich komm dann in was rein, wo ich nicht mehr draussehe.

C.E.: Wie sieht das aus?

P.: Es geht überhaupt nichts.

C.E.: Was denkst du, wenn du an diesen Punkt kommst?

P.: Schon wieder nichts.

C.E.: Was heißt »schon wieder nichts«?

P.: Es geht schon wieder nicht.

C.E.: Kommt das öfter vor?

P.: Jedesmal beim Rechnen.

C.E.: Und was denkst du dann?

P.: Das schaff' ich nie!

C.E.: Und was machst du, wenn du denkst: »das schaff' ich nie«?

P.: Nichts.

C.E.: Also hörst du dann einfach mit Rechnen auf?

P. (überrascht): Nein.

C.E.: Was machst du dann?

P.: Ich versuchs. Ich streng mich an.

C.E.: Ich hab verstanden, daß das keine leichte Situation für dich ist. Aber hast du in einer solchen Situation schon mal eine Pause gemacht, um es anschließend nochmal zu versuchen?

P. (überrascht): Nein, noch nie.

C.E.: Versuch dir mal vorzustellen, der Gedanke »das schaff' ich nie« hätte eine Farbe. Welche wäre das?

P.: Schwarz.

C.E.: Und wenn dieser Gedanke eine Form hätte, welche wäre das?

P. zeigt vor sich eine Art von Berg mit einer Höhe von circa 1,5 Metern.

C.E.: Also, als wenn du wie vor einem Berg sitzt?

P.: Ja.

C.E.: Und wie groß bist du dann im Vergleich zu dem Berg?

P. zeigt etwa zwei Zentimeter.

C.E.: Was denkst du eigentlich, wenn du mit dem Rechnen beginnst?

P.: Wenig Gutes.

C.E.: Also, wenn du anfängst mit Rechnen. Glaubst du dann, »das schaff' ich« oder glaubst du eher »das schaff' ich doch nicht«.

P.: Ich glaub, daß ich es nie schaff.

C.E.: Wieviel Rechnungen hast du bisher in deinem Leben denn schon gelöst?

P. ist verwirrt und weiß zunächst keine Antwort. Erst nach längerem Nachfragen erhalte ich eine Antwort: Vielleicht 100 (Pascal besucht die 4. Klasse, hat also sicher schon tausende von Rechenaufgaben gelöst!).

C.E.: Denkst du in solchen schwierigen Situationen manchmal daran, wieviel Rechnungen dir schon gelungen sind?

P. (wieder überrascht): Nein, nie.

Wenn Pascal denkt: »das schaff' ich nie«, hat dies zwei unterschiedliche Auswirkungen auf sein Verhalten.

1. Er sitzt einfach nur da und macht gar nichts, ist dabei aber gedanklich sehr aktiv. Dies bestätigt seine Mutter, die mitteilt, er sitze dann einfach nur da und träume vor sich hin. Wahrscheinlich hat sie mit diesem Vor-sich-Hinträumen im wahrsten Sinne des Wortes recht, und Pascal läßt seinen Gedanken freien Lauf, träumt vielleicht vom Fußballspielen, Skifahren, Baden oder anderem, um sich mit Gedanken an Positiveres in einen angenehmeren inneren Zustand zu bringen. Seine Gedanken haben zwar einen kurzfristig beruhigenden Effekt, lösen aber sein Problem nicht.

2. Er strengt sich noch mehr an, um sein drohendes Versagen abzuwenden – eigentlich ein sinnvoller Vorsatz. Allerdings entstehen die alten unangemessenen Denkmuster, sobald er wieder auf Hindernisse stößt und bei der Lösung der Aufgaben nicht weiterkommt. Wenn er dann sein erneutes Nicht-Weiterkommen als Beweis seines Versagens deutet, verstrickt er sich gedanklich noch stärker, und es ist ihm nicht möglich, Distanz herzustellen und eine angemessenere Problemlösung zu finden.

Nach diesem etwa 10minütigen Gesprächsausschnitt weiß jeder: So wird aus Pascal vermutlich nie ein guter Rechner. Weiteres Versagen ist vorprogrammiert. Pascal hat einige Aufgaben nicht lösen können. Im Anschluß daran hat er sich in einen negativen Kreislauf hineingedacht. Die Erwartung von Mißerfolg, negative Überzeugungen und innere Bilder in schwarzen Farben verdichten sich bei ihm zu einer Aufmerksamkeitsfokussierung, die auf Negatives gerichtet ist und die natürlich jede Sicht auf vorhandene Stärken und Kompetenzen verbaut. Er ist jetzt an einem gefährlichen Punkt angelangt. Aus seinen negativen Erfahrungen konstruiert er ein Bild von sich selbst als schlechtem Rechner. Im ungünstigen Fall geht dies soweit, daß Pascal schließlich fest davon überzeugt ist, nie das Rechnen erlernen zu können, obschon er über das dazu nötige Potential verfügt. In meiner Praxis habe ich viele Kinder gesehen, die auf die Frage: »Glaubst du, du wirst Rechnen lernen können?« mit einem überzeugten nein geantwortet haben. Mit der Selbstzuschreibung: »Ich kann nicht rechnen« konstruieren diese Kinder ein inneres Bild dieser Hilflosigkeit und aktivieren die damit zusammenhängenden negativen Emotionen. Tragischerweise beeinflußt das im Kindesalter aufgebaute negative Selbstbild das Selbstbild, das sie als Erwachsene von sich haben werden, mit negativen Auswirkungen auf ihre gesamte Leistungsfähigkeit.

Das Fallbeispiel demonstriert, warum es so schwierig ist, bei negativen Selbstgesprächen gegenzusteuern. Wenn Pascal erwachsen ist, wird er sich kaum noch daran erinnern können, wie er sich sein negatives Selbstbild durch negative Aufmerksamkeitsfokussierung selbst konstruiert hat. Das jahrelange Wiederholen führt zu einer weitgehenden Automatisierung seines inneren Selbstgesprächs, das seiner bewußten Wahrnehmung immer weniger zugänglich wird.

Wenn Sie glauben, daß es Ihnen ähnlich wie Pascal gegangen ist, beachten Sie bitte:

1. Die Veränderung einer über die Jahre hinweg aufgebauten inneren Überzeugung braucht Zeit.
2. Dabei sind Rückschritte nicht zu vermeiden.

Wir dürfen nicht übersehen, daß Pascal immer wieder negatives Feedback aus seiner Umgebung erhält, was seine negative mentale Spirale stets verstärkt.

Sein Dilemma konstituiert sich auf folgenden Ebenen:

— negative Erfahrungen mit Rechnen,
— negative Gedanken mit negativer Aufmerksamkeitsfokussierung,
— negatives Feedback aus seiner Umgebung.

Daraus entsteht sein negatives Selbstbild in bezug auf Mathema-

Self-Coaching

tik, das mit erheblichen psychischen Folgen auf den gesamten schulischen Leistungsbereich zu generalisieren droht.

Dennoch hat Pascal eine gute Prognose. Mit Hilfe seines Coaches wird er lernen, mental umzupolen, Mißerfolge als Teil seines Wegs zu sehen, sich stärker gegen ihre negativen Auswirkungen abzugrenzen und seine Aufmerksamkeit stärker auf seine Fortschritte zu richten, statt auf das, was nicht klappt.

Wie Pascals Training im Detail aussieht, erfahren Sie am Ende des Buchs, wenn ich Ihnen die acht Self-Coaching-Module vorgestellt habe, denn in Pascals Trainingsprogramm ist vieles davon enthalten.

Anregungen für Ihr Training

→ Dieses Kapitel enthält eine Zusammenstellung der wichtigsten und erfolgreichsten Self-Coaching-Module. Sie sind als Vorschläge gedacht. Beginnen Sie mit dem Modul, das Sie am meisten anspricht.

→ Die Mehrzahl der Übungen basiert auf Entspannung, weil wir im Entspannungszustand aufnahme- und lernbereiter sind. In entspanntem Zustand kann man sich bestimmte Anweisungen geben, Drehbücher mit einer Zielvision einspielen oder sich zum Beispiel auf innere Bilder konzentrieren.

→ Beachten Sie, daß besonders in Streßsituationen gerade die Denk- und Verhaltensmuster automatisch und binnen Sekundenbruchteilen wieder einrasten, die am besten eingeschliffen sind. Ein Gegensteuern ist also gerade dann am schwierigsten, wenn wir es am besten gebrauchen könnten.

→ Reservieren Sie sich pro Tag eine feste Zeit von circa 10 Minuten, die Sie zur Weiterentwicklung Ihrer mentalen Stärke nutzen. Wählen Sie dabei möglichst immer die gleiche Zeit, etwa nach dem Frühstück. So wird Ihr Training zu einer Art Ritual, ähnlich wie das Zähneputzen oder das Mittagessen.

→ Wenn Sie mit einer Technik genügend Erfahrung gesammelt haben, wechseln Sie zu einer anderen. Hören Sie dabei auf Ihre Intuition und Ihre innere Stimme.

→ Seien Sie beim Üben sich selbst gegenüber nachsichtig und vermeiden Sie es, sich unter Erfolgsdruck zu setzen. Das gelingt aber fast niemandem die ganze Zeit über. Falls Sie bemerken, daß auch Sie zu den Menschen gehören, die sich unter Erfolgsdruck setzen, versuchen Sie loszulassen. Legen Sie eventuell eine Trainingspause ein oder üben Sie dann nur Ihr Entspannungstraining.

→ Legen Sie im voraus zu ergebnisunabhängigen Zeiten eine Art von Belohnung fest, also etwas, womit Sie sich etwas Gutes tun. Gönnen Sie sich diese Bestätigung dafür, daß Sie üben und nicht dafür, daß Sie ein Ziel erreicht haben.

→ Einige der Self-Coaching-Module überschneiden sich. Dennoch sind sie mit Absicht hier aufgeführt, da sie auf unterschiedliche Aspekte fokussieren.

Self-Coaching-Modul 1:
Selbstakzeptanz

In diesem Kapitel lernen Sie, innere Dialoge zur Unterstützung von Selbstakzeptanz zu konstruieren.

Selbstakzeptanz als Basis persönlicher Weiterentwicklung

Wie wir gesehen haben, hat die Art und Weise, in der wir zu uns sprechen, unabsehbare Folgen. Deshalb sind diejenigen von uns im Vorteil, die gezielt und aktiv Einfluß auf diese internen und verdeckt ablaufenden Vorgänge nehmen.

Inhaltlich können wir den inneren Dialog auf sehr viele unterschiedliche Aspekte richten, zum Beispiel auf den gerade zurückliegenden Ärger über einen nicht gelungenen Geschäftsabschluß oder auf das bald in Aussicht stehende Wochenende. Wir können ihn auf positive oder negative, vergangene, gegenwärtige oder zukünftige, unterstützende oder schwächende Seiten von uns richten. Wir können uns loben oder kritisieren, er- oder entmutigen, aufbauen oder demütigen. Wir können uns mit Milde und Nachsicht behandeln oder mit unerbittlicher Härte und verletzender Nichtachtung.

Angemessene Selbstakzeptanz ist die Grundvoraussetzung von seelischer Gesundheit, Leistungsfähigkeit und mentalem Auf-der-Höhe-Sein. Sie wird vor allem in Belastungssituationen auf die Probe gestellt. Da wir im Beruf häufig auf uns allein gestellt sind, ist es gerade hier entscheidend, sich selbst Support geben zu können.

Fehlende Selbstakzeptanz tritt in Situationen auf, in denen unser Verhalten nicht unseren Erwartungen entspricht, oder in denen wir uns unter Druck fühlen. Dann fangen viele plötzlich damit an, sich selbst herabzusetzen und zu kritisieren. Wer noch vor kurzem gut mit sich umgegangen ist, geht plötzlich hart mit sich ins Gericht. Manche beschimpfen sich dann sogar auf eine Art und Weise, die sie sich von niemand anderem gefallen lassen würden. Und wenn wir uns schon lange so behandeln, fällt uns unser schlechter Umgang mit uns selbst überhaupt nicht mehr auf. Tatsächlich haben wir aber die Wahl, uns entweder selbst zu beschimpfen oder respektvoll und achtsam mit uns umzugehen. Statt uns zu verurteilen, könnten wir sagen:»Das war jetzt nicht so gut, aber ich versuch, es das nächste Mal besser zu machen.« Jeder spürt sofort, daß dies anders wirkt als:»Was bin ich doch für ein Versager«.

Besonders kritisch ist es, wenn diese Form der Selbstverurteilung mit überzogenen Leistungsforderungen kombiniert ist, wie:»Jetzt streng dich endlich an« oder »Reiß dich endlich zusammen«.

In»Die Fünfte Disziplin« (1996) läßt Peter Senge Bill O'Brian von Hanover Insurance zu Wort kommen. Dieser»weist darauf hin, daß die moderne Gesellschaft einen wichtigen Aspekt der menschlichen Entwicklung vernachlässigt:

Aus welchen Gründen auch immer – wir verfolgen die emotionale Entwicklung nicht mit derselben Intensität, mit der wir die körperliche und intellektuelle Entwicklung verfolgen. Das ist um so bedauerlicher, weil eine volle emotionale Entwicklung den stärksten Hebel bietet, wenn wir unsere Leistungsfähigkeit voll ausschöpfen wollen. Die Förderung der Gesamtpersönlichkeit ist von entscheidender Bedeutung, wenn wir unser Ziel unternehmerischer Spitzenleistung erreichen wollen« (S. 176).

Wenn wir uns weiterentwickeln wollen, müssen wir einen inneren Dialog erlernen, der uns Handlungsoptionen eröffnet. Wer sich mit»Ich bin das Letzte« beschimpft, weiß nicht, was er tun soll. Die Veränderungsmotivation ist negativ ausgerichtet. Statt ein positives Ziel im Blickpunkt zu haben, das Veränderungsenergie freisetzt, hat sich der Betroffene in einer Negativ-Schleife verfangen.

Selbstakzeptanz meint natürlich nicht, unkritisch schnell mit sich selbst zufrieden zu sein. Im Gegenteil: Erfahrungsgemäß kennt jeder an sich Aspekte, deren Existenz einzugestehen uns eher schwer fällt. Realistische Selbsterkenntnis, die den Blick auf die eigenen Schattenseiten erlaubt, erfordert Mut und psychische

Self-Coaching

Stabilität. Sie ist der Ausgangspunkt auf dem Pfad der persönlichen Weiterentwicklung und des persönlichen Wachstums.

Unter beruflicher Dauerbelastung verliert man sein eigenes Wohl schnell aus den Augen. Damit droht ein Kontaktabbruch zur eigenen Befindlichkeit. Die meisten Ihrer beruflichen Herausforderungen verlangen aber ausgeprägte Eigensensibilität, vor allem wenn es darum geht, in sozialen Zusammenhängen erfolgreich zu agieren. Neben Sachkenntnis ist Sozialkompetenz ein entscheidender Erfolgsfaktor. Motivieren, ein Team bilden, sachlich richtige und faire Entscheidungen unter Druck herbeiführen und vieles mehr zu können, erfordert innere Ruhe und Selbstakzeptanz. Diese stellen sich aber im Berufsalltag nicht von selbst ein, sondern verlangt Ihren aktiven Beitrag.

Unangemessene Selbstbehandlung in Form von Selbsterniedrigung strahlt aus. Sie bahnt den Weg, andere so zu behandeln wie uns selbst und von anderen so behandelt zu werden, wie wir uns selbst behandeln.

Übungen zur Selbstakzeptanz

Übung 1: Selbstgesprächssteuerung zur Unterstützung von Selbstakzeptanz

Die Trainingspraxis belegt, daß es vor allem zu Beginn des Trainings mit Self-Coaching sinnvoll ist *positive Aspekte* der eigenen Person und des *respektvollen Umgangs* mit sich in den Vordergrund zu stellen.

Begeben Sie sich auf eine Entdeckungsreise. Erkunden Sie sorgfältig jene Seiten, die Sie an sich schätzen und achten. Nehmen Sie sich für diese Reise Zeit und lassen Sie sich von sich selbst überraschen. Beachten Sie, daß es nicht darum geht, eine besondere Leistung zu erbringen oder ein hochgestecktes Ziel zu erreichen. Sie müssen nirgends ankommen, sondern Ihr Weg ist das Ziel.

Eine für uns bedeutsame Veränderungsintention ist zwar die Voraussetzung für persönliches Wachstum. Gefahr lauert aber immer dann, wenn wir zuviel wollen. Denn die Veränderungsabsicht droht dann in Selbstkritik umzuschlagen, wenn eigene hochgesteckte Ansprüche nicht erreicht werden. Angemessene Selbstakzeptanz ist der wirksamste Schutz gegen die gefährliche Neigung zu übersteigerter Selbstkritik und -abwertung.

Konstruieren Sie sich zunächst Anweisungen, die für Sie eindeutig ermutigend und unterstützend sind, wie zum Beispiel:

- Ich höre auf meine Intuition und innere Stimme.
- Ich behandele mich mit Respekt und Würde.
- Ich nehme eigene Schwächen gelassen an.
- Ich achte auf das, was mir gut gelingt.
- Fehler machen und Schwächen zeigen sind Teil alles Lebendigen.
- Auch wenn mir Fehler unterlaufen bleibe ich ein wertvoller Mensch.
- Statt mich zu kritisieren, behandle ich mich mit Achtung und Nachsicht.
- Ich muß und kann nicht immer perfekt sein und kann mich gleichzeitig gut behandeln.

Wichtig ist, daß die Anweisungen für Sie stimmig sind. Die genannten Sätze sind als Anregungen zu verstehen. Was sich für Sie gut anfühlt, wird sich im Lauf der Zeit ändern, je nachdem, was in Ihrem Leben aktuell von besonderer Bedeutung ist. Üben Sie dann mit anderen Anweisungen. Hören Sie auf sich und experimentieren Sie so lange mit verschiedenen Anweisungen, bis es für Sie stimmt.

Denn das ist genau der Vorteil von Self-Coaching: Paßgenaues Zuschneiden des eigenen Trainings. Das gilt natürlich auch für alle im folgenden dargestellten Anregungen.

Im Kapitel »Entspannung« haben wir gesehen, daß unser Organismus im Entspannungszustand optimal lern- und aufnahmebereit ist. Dies nutzen wir bei dieser und bei anderen ähnlichen Übungen. Das heißt, wir geben uns, nachdem wir uns gut entspannt haben, Anweisungen oder Handlungsanleitungen für erwünschte Kognitionen, Emotionen oder Verhaltensweisen, um deren Auftretenswahrscheinlichkeit im Alltag zu erhöhen.

Üben Sie konzentriert, ruhig, gelassen und von sich selbst überzeugt, zu sich selbst zu sprechen. Auch wenn Ihnen dies am Anfang eventuell ungewohnt vorkommt. Sie werden bemerken, wie schnell Sie in der Lage sind, sich selbst Support zu geben.

Übung 2: Aufmerksamkeitsfokussierung auf Respekt und Würde

- Suchen Sie für jeden Tag eine Situation, in der Sie sich mit Respekt und Würde behandelt haben. Dies ist am Anfang meist schwierig. Wenn Sie diese Übung einige Zeit durchgeführt haben, wird es Ihnen leichter fallen.
- Sie können die Wirksamkeit dieser Übung verstärken, indem Sie sich ein Symbol auswählen, daß Sie an Respekt und Würde im Umgang mit sich selbst erinnert. Das kann zum Beispiel ein Stein, eine Kette, ein Ring, ein Photo oder etwas anderes sein. Wichtig ist, daß Sie sich vom Symbol angesprochen fühlen. Tragen Sie dieses Symbol den Tag über bei sich, und denken Sie, wenn Sie es zufällig spüren oder sehen, an diese Übung. Halten Sie dann kurz inne und überlegen Sie sich, wie Sie sich gerade behandeln.
- Achten Sie auf den Unterschied Ihres Körpergefühls, das, je nachdem, wie Sie mit sich umgehen, entsteht. Versuchen Sie zu erspüren, wo Sie diesen Unterschied körperlich lokalisieren können. Das kann in der Kopf-, Nacken-, Magenregion oder woanders sein. Mit der Zeit wird Ihr Körper so zu einer Art Frühwarnsystem für Sie, das Sie darauf aufmerksam macht, wie Sie mit sich umgehen. Die durch die Entspannungsübungen erzielte verbesserte Körpersensibilität ist bei dieser Übung eine wertvolle Hilfe.

Übung 3: Sich verwöhnen

Erstellen Sie eine Liste von Situationen oder Ereignissen, die Ihnen gut tun und bei denen Sie sich wohl und entspannt fühlen. Beispiele:

- ein Bad nehmen,
- in die Sauna gehen,
- einen Spaziergang machen,
- einem Hobby nachgehen,
- Kontakt mit guten Freunden pflegen,
- Sport treiben,
- ein Konzert besuchen.

Fragen Sie sich direkt: Was kann ich tun, damit ich mich besser fühle. Lassen Sie diese Situationen und Ereignisse Teil Ihres Lebens werden und zwar nicht nur im Urlaub. Strukturieren Sie dazu Ihre Zeit entsprechend. Andernfalls besteht die Gefahr, daß Sie sich gute Vorsätze fassen, die Sie auf Dauer nicht verwirklichen können. Erinnern sie sich: Gerade bei starker Belastung brauchen wir ein aktives Erholungsmanagement, das uns die für mentale Stärke notwendige innere Balance vermittelt.

Aus der Praxis: Wer gegen seine Schwächen kämpft, der bekämpft sich selbst

Herr Karls berichtet: Wie jeder andere auch kenne ich an mir bestimmte Seiten, die mich immer gestört haben. Als eine anstehende Beförderung genau mit Begründung auf diese Seiten abgelehnt wurde, verschärfte sich für mich die Situation. Natürlich versuchte ich mich mit allen mir zur Verfügung stehenden Mitteln zu ändern. Das gelang mir zunächst auch ganz gut. Aber nach einigen Wochen begannen sich die alten Seiten wieder einzuschleichen. So bemühte ich mich wieder aufs Neue. Dies ging eine ganze Weile so hin und her, aber im Lauf der Zeit ging es mir immer schlechter.»Rückfälle« in altes Verhalten begann ich immer mehr als Beweis dafür anzusehen, nicht in der Lage zu sein mich »wirklich und wahrhaft« zu ändern. Als ich begann, dies so zu sehen, verurteilte ich mich je länger umso mehr und machte mich so zu wirklicher Veränderung unfähig.

Weitergeholfen hat mir dann eine Fernsehdiskussion. Ein Diskussionsteilnehmer berichtete darüber, wie er lange Zeit gegen bestimmte Seiten bei sich angekämpft hatte. Dies kam mir vertraut vor. Schließlich sagte er:»Meine Schwächen sind ja ein Teil von mir. Wenn ich gegen meine Schwächen ankämpfe, so kämpfe ich eigentlich gegen mich selbst.« Und weiter:»Wenn ich diesen Gedanken konsequent weiterführe, dann ist klar, daß ich mich nur beschränkt ändern kann. Denn dieser Teil von mir gehört ja zu mir. Und ich kann nicht Teile von mir nach Belieben ändern.« An dieser Stelle wollte die Moderatorin natürlich wissen, welche Konsequenzen er daraus gezogen hatte.»Ich habe damit begonnen, mich mit diesem Teil zu versöhnen, statt ihn abzulehnen und zu bekämpfen. So merkwürdig das klingen mag.

Je mehr es mir gelingt, diesen Teil mit Respekt zu behandeln, desto besser geht es mir«, lautete seine Antwort.

Diese Sichtweise leuchtete mir sofort ein, berichtet Herr Karls, und eröffnete mir eine neue Perspektive. Heute versuche ich die Haltung einzunehmen: Behandle dich mit Respekt und versuche das Beste aus dem zu machen, was ist. Wenn sich heute entsprechende Situationen ergeben, sage ich mir:

- Aha, jetzt hast du wieder so reagiert.
- Also jetzt erst mal durchatmen – Pause machen – Abstand gewinnen – cool down.
- Beschreibe dir jetzt einmal selbst, was in dir vorgeht.
- Manchmal sage ich mir: Das ist jetzt geschehen – das kannst du im Nachhinein nicht mehr ändern – vorbei ist vorbei.
- Dann frage ich mich: Wie kam es jetzt dazu, und ich versuche, in Ruhe und aus innerer Distanz kurz darüber nachzudenken. Wichtig ist, daß ich dabei innerlich ruhig bleibe.
- Als nächstes überlege ich mir: Gibt es etwas, was du in Zukunft anders machen könntest?
- Immer öfter erlaube ich mir aber, es einfach so zu belassen, ohne mich sofort in Handlungsdruck zu bringen.
- Seit kurzem genehmige ich mir sogenannte Rückfälle in alte Zeiten. Vorab habe ich dabei einkalkuliert, daß auch bei bestem Bemühen meinerseits die anderen Seiten hin und wieder einfach auftreten.

Aus der Forschung: Gut mit sich umgehen

Eine der weltweit größten prospektiven Untersuchungen aus der Psychoonkologie, die die Zusammenhänge zwischen Psyche und Krebserkrankung bzw. Genesung untersucht, stammt von Großarth-Maticek aus Heidelberg. Das Besondere einer prospektiven Studie ist, daß eine per Zufall ausgewählte Risikogruppe präventiv therapiert wird und mit einer ebenfalls per Zufall ausgewählten nicht behandelten Gruppe über eine längere Zeitspanne hinweg verglichen wird.

Großarth-Maticeks Studien erstreckten sich über einen Zeitraum von 1964/1965 bis 1986 und von 1971/1972 bis 1996. In diesen Studien wurden über 30 000 Menschen befragt.

Aus der Psychoneuroimmunologie, die sich mit den Zusammenhängen zwischen Immun-, Hormon- und Nervensystem befaßt, ist bekannt, daß die Entstehung von Krebs und ein geschwächtes Immunsystem neben den organischen auch von seelisch-psychosozialen Faktoren beeinflußt werden.

Im Lauf seiner Projekte experimentierte Großarth-Maticek mit unterschiedlichen Interventionen, wie Ernährungsberatung, Raucherentwöhnung, Anleitung zu mehr Bewegung, Multivitamingaben und anderem. Als mit Abstand wichtigste Interventionsform zeichnete sich aber mit der Zeit das »Autonomietraining« ab. Dabei erlernen die Patienten *darauf zu achten, was ihnen gut tut*. Sie lernen aus einem negativen Zirkel, der mit Selbstüberforderung, Gefühlsunterdrückung, einem Zustand des Sich-nicht-Wohlfühlens voller Hoffnungslosigkeit umschrieben werden kann, auszubrechen, und einen positiven selbstheilenden Zirkel in Gang zu setzen. Psychosozialer Streß ist auf die Dauer gefährlich, besonders wenn andere Risikofaktoren hinzukommen. Wir sind ihm, so Helm Stierlin, aber nicht hilflos ausgeliefert, sondern schaffen ihn oft selbst. Es kommt dabei in der Vorstellung der Betroffenen zu sich selbst verstärkenden Teufelskreisen. Das zukunfts-, lösungs- und ressourcenorientierte Autonomietraining versucht im wesentlichen eine Eigeninitiative einzuleiten, bei der sich Betroffene vom Feedback ihres Verhaltens leiten lassen und sich daran orientieren, *was ihnen auf Dauer Wohlbefinden verschafft* (Stierlin u. Großarth-Maticek 1998).

Das Resümee aus diesen Befunden lautet: Oft müssen wir den positiven Umgang mit uns regelrecht erst wieder aufs neue erlernen. Und da es sich dabei eher um ein Um- als um ein Neulernen handelt, weil unangemessene Denk- und Verhaltensweisen zunächst identifiziert und in einem zweiten Schritt modifiziert werden müssen, kann der Weg dorthin kein geradliniger sein.

Die innere Konferenz

Jeder von uns kennt Seiten von sich, die ihm sympathisch und angenehm sind. Genauso gibt es aber auch Anteile, die uns nicht so gut gefallen, oder die wir sogar ablehnen. Schließlich gibt es Seiten, denen wir neutral gegenüberstehen.

Versuchen wir einmal, als gedankliches Experiment, unsere

verschiedenen Seiten als Personen zu sehen, die um denselben Tisch sitzen und miteinander kommunizieren. Diese verschiedenen Konferenzteilnehmer repräsentieren in unserer Vorstellung unsere inneren Stimmen. Stellen Sie sich vor, Sie sind eine von diesen Stimmen. Bei dieser fiktiven Konferenz werden Sie von einem anderen Konferenzteilnehmer angegriffen und entwertet. Wie würden Sie reagieren? Möglicherweise unzufrieden und mit Widerstand, das heißt letztlich also mit unkooperativem Verhalten. Vielleicht ließen Sie sich aber auch vordergründig nichts anmerken, was hieße, daß Sie als Konferenzteilnehmer nicht integriert wären. Da Sie jedoch auch der Manager dieser fiktiven Konferenz sind, müssen Sie sich die Frage stellen, wie Sie als Konferenzleiter vorgehen würden. Natürlich so, wie bei der Leitung realer Konferenzen auch. Sie lassen die Teilnehmer zu Wort kommen, Sie behandeln jeden einzelnen und seinen Beitrag mit Respekt, Sie achten darauf, daß sich die Teilnehmer gegenseitig respektieren und zu Wort kommen lassen – und schon haben Sie die Kommunikation Ihrer inneren Konferenz verändert. Wo vorher Konflikt war, stehen jetzt unterschiedliche Ansichten gegenüber, die gegeneinander abgewogen werden können. So entsteht ein Konferenzergebnis, daß die jeweiligen Interessen und Bedürfnissen der einzelnen Stimmen berücksichtigt.

Vom Entweder-Oder zum Sowohl-Als-auch

Bedauerlicherweise existiert in manchen Teams die meist verdeckte Kommunikationsregel des Entweder-Oder. Entscheidungsprozesse werden nach dem Schwarz-weiß-Muster getroffen: Entweder habe ich Recht – oder du. Zwischentöne werden nicht als Möglichkeit gesehen. Damit haben wir eine gefährliche Regel vor uns, die spaltet und ausschließt. Die vermeintliche Eindeutigkeit erfordert einen hohen Tribut. Sie führt zu Siegern und Besiegten. Da die Besiegten nur wegen einer Niederlage ihre Meinung jedoch noch lange nicht aufgeben, kann es leicht passieren, daß sie versuchen, sich eventuell in subversiver Form für die Niederlage und die damit verbundene persönliche Kränkung zu rächen. Damit wird die innere Spaltung des Konferenzteams weiter vorangetrieben und Unzufriedenheit ist zumindest bei einem Teil der Konferenzteilnehmer die Folge.
    Fast immer können wir zur starren Entweder-Oder-Regel die

Sowohl-Als-auch-Alternative heranziehen. Stellen Sie sich noch einmal vor, an unserer Konferenz selbst teilzunehmen. Mit welcher der beiden Kommunikationsregeln fühlen Sie sich wohler, mit welcher arbeiten Sie motivierter? Der Druck, der bei der Entweder-Oder-Regel auf *allen* Teilnehmern lastet, ist erheblich. Jeder weiß: Wer heute Sieger ist, kann bereits morgen auf der Verliererstraße stehen. Glauben Sie, daß unser Konferenzteam in dieser Atmosphäre kreative Lösungen für die anstehenden Herausforderungen finden wird? Längerfristig bringen Sie Ihr Potential nur dann ein, wenn die Sowohl-Als-auch-Regel gilt. Denn nur gute Zusammenarbeit macht auch ein gutes Team.

Fredmund Malik (1999), der sich an der Wirtschaftshochschule St. Gallen vor allem mit systemischem Denken im Management befaßt, entschleiert den Mythos von der vermeintlichen Überlegenheit von Teamarbeit gegenüber der Arbeit einzelner. Ein Team ist nicht deshalb gut, weil es ein Team ist. Im Gegenteil: Zahlreiche Teams sind deshalb unproduktiv, weil ihre Mitglieder nicht kooperieren. Die Aufgabe der Leitung ist es, das Team immer wieder neu zu einem guten Team zu schmieden.

Sie können sich von Ihrer Frau scheiden lassen, Ihre Arbeitsstelle kündigen – aber aus Ihrem inneren Team können Sie nicht austreten. Es ist manchmal mehr und manchmal weniger präsent. Für das Klima ausschlaggebend sind die Konferenzregeln. Dem Konferenzmanager obliegt die hin und wieder schwierige Aufgabe, für die angemessene Einhaltung der Regeln zu sorgen. Als Lohn erhält er den Respekt der Konferenzteilnehmer und ein gutes Betriebsergebnis.

Innere Stimmen als Repräsentanten der Außenwelt

Vor allem repräsentieren innere Stimmen wichtige Interaktionspartner unserer Außenwelt, die wir durch die inneren Stimmen in uns hinein verlagert haben. Dabei handelt es sich um eine wichtige Form der Perspektivenübernahme, die uns erlaubt, Gedanken und Handlungen anderer und von uns selbst abzuschätzen.

Self-Coaching

Die Dynamik des inneren Teams

Beispiel: Bei der letzten Abteilungsleiterkonferenz macht Ihr Vorgesetzter eine kritische Bemerkung über Sie. Welche inneren Stimmen könnten sich jetzt melden?

– Der verärgerte Mitarbeiter: Was fällt dem ein, wo ich gerade im letzten Quartal so viel gearbeitet habe.
– Der Gekränkte, der klagt: Das finde ich aber nicht so gut, daß sie so kritisch mir gegenüber sind.
– Der Mitarbeiter, der bei anderen die Schuld sucht: Ich konnte doch nicht anders, weil ...
– Der Mitarbeiter, der äußere Gründe anführt: Die wirtschaftliche Lage war doch so schlecht ...
– Der Mitarbeiter, der alte Rechnungen begleicht: Ausgerechnet der muß mich kritisieren, wo er letztes Mal doch selbst ...
– Der unsichere Junge, die sich in Frage stellt: Vielleicht bin ich ja doch nicht so geeignet für diese Aufgabe ...

Ganz anders tönen die Konferenzteilnehmer, wenn unser Abteilungsleiter statt Kritik Lob und Anerkennung erhält. Dann ist von dem unsicheren Jungen überhaupt nichts zu hören. Das heißt nichts anderes, als daß unser inneres Team auf die äußeren Umstände reagiert, was wir als situationsabhängig oder *kontextbezogen* bezeichnen. Je nach Kontext sprechen also unterschiedliche Stimmen in und zu uns. Dies ist in zentraler Grund dafür, daß wir uns als vielschichtige, oft sogar widersprüchliche Persönlichkeit erleben – einmal so, ein anderes Mal wieder ganz anders (Schmidt 2000).

Die Teammetapher ist deshalb so wichtig, weil sie es uns erlaubt, unsere innerlich erlebten Widersprüche zu personifizieren und dadurch zu identifizieren. Dies ermöglicht in einem zweiten Schritt die Modifikation der inneren Teamkommunikation und damit der Beziehungsstruktur der Teammitglieder untereinander.

Ein anderes Beispiel: Sie bearbeiten mit einem Kollegen ein wichtiges Projekt. Ihr Kollege hat aber seinen Teil der Vereinbarung nicht termingerecht fertiggestellt. Das ganze Projekt kann nicht innerhalb des vorgesehenen Zeitrahmens abgewickelt werden. Welche Stimmen melden sich?

– Der Verärgerte: Das darf doch nicht wahr sein.

- Der Streitschlichter: Fang jetzt bloß keinen Ärger an.
- Sein Bündnispartner, der befürchtet bei einem Konflikt mit anderen abgelehnt zu werden: Fang keinen Streit an, sonst ist er vielleicht sauer auf dich.
- Der Ängstliche: Hoffentlich fällt das jetzt nicht auf mich zurück.
- Der Mitleidvolle: Er hatte es in der letzten Zeit auch wirklich schwer – im Büro und zu Hause.
- Der Solidarische: Der Zeitrahmen für das Projekt war wirklich zu knapp kalkuliert.

Nehmen wir einmal an, in diesem Beispiel setzt sich die Streitschlichterfraktion durch und der »Verärgerte« bleibt mit dem Gefühl zurück, nicht zum Zuge gekommen zu sein. Wird er den Konflikt vergessen? Vermutlich nicht – auch nicht in unserer inneren Konferenz. Die einzelnen Stimmen haben ein Gedächtnis. Und in Bezug auf Kränkungen und Mißachtung gilt für sie das gleiche, was Ölschläger (1995) für Organisationen beschrieben hat: Eine Organisation besitzt ein *Gedächtnis*, in dem Kränkungen über Jahre hinweg gespeichert werden. Sowohl die Mitglieder des inneren Teams als auch Organisationsmitglieder neigen dazu, genau Bilanz zu führen. Für den nächsten Konfliktfall unseres fiktiven inneren Teams hat dies Konsequenzen, weil der »Verärgerte« den letzten Vorfall, bei dem er nicht zum Zuge kam, nicht vergessen hat. Und beim nächsten Konfliktfall wird er alles daran setzen, endlich zu Wort zu kommen. Auch solche Szenen kennen wir alle aus dem Alltag. Plötzlich, aus »nichtigem« und für Außenstehende nicht nachvollziehbarem Grund verlieren wir oder andere die Beherrschung. Dann hat sich zur Abwechslung einmal der »Verärgerte« durchgesetzt. Er tut sich und seinem Team mit seinem ungestümen Hervorpreschen aber keinen Gefallen. Er wird jetzt von der Streitschlichterpartei als unsicherer Kandidat gesehen, der in Zukunft noch besser »überwacht« oder »kontrolliert« werden muß. Und wie im richtigen Leben, so ist es auch hier. Die meisten Menschen wehren sich gegen Kontrolle und Überwachung. Und wie Sie vielleicht schon bemerkt haben: Wir haben uns in rasantem Tempo dem erwähnten Konfliktmuster »Sieger – Verlierer« mit der dahinterstehenden »Entweder-Oder«-Kommunikationsregel angenähert. Statt zu kooperieren beäugt sich dieses Team ab sofort mißtrauisch. Wer ein solches inneres Team in sich trägt, muß einen erheblichen Energieaufwand leisten, um die

Konfliktparteien im Zaum zu halten. Genauso wie in einem Arbeitsteam, in dem Konflikte *alle* Beteiligten Energie kosten und Zeit und Ressourcen binden.

Anders gesagt: *Unser inneres Team hat für uns kommunikations- und handlungssteuernde Funktion.* Nach außen können wir nur mit einer Stimme sprechen, wenn es uns gelungen ist, die verschiedenen Stimmen des inneren Teams zu integrieren. Wer gegenüber seinen inneren Stimmen keine klare Linie findet, kann auch nach außen nicht eindeutig kommunizieren. Die inneren Widersprüche können sich nur in Nuancen ausdrücken. Für den aufmerksamen Beobachter sind sie aber nicht zu übersehen. Das Management der inneren Konferenz ist im Sturm der inneren Stimmen über Bord gegangen und das eigene Schiff zum Spielball wechselnder Winde geworden. Gelungenes Management der inneren Konferenz ist die Voraussetzung klarer innerer Kommunikation, die nach außen ausstrahlt.

Eventuell haben Sie sich schon gefragt, warum dieser Abschnitt unter der Überschrift »Selbstakzeptanz« steht? Mitarbeiter eines Teams sind vor allem in Belastungs- und Streßsituationen in Gefahr, miteinander in Konflikte zu geraten. Wir alle wissen, daß sich zum Beispiel Termindruck oder nicht vorhersehbare Hindernisse auf die Zusammenarbeit eines Teams ungünstig auswirken können. Genauso reagieren unsere inneren Teammitglieder auf plötzlich auftretende Belastungssituationen mit Konflikt, Spaltung, Koalitionsbildung und so weiter.

Konflikte, Koalitionsbildungen oder Spaltungsbestrebungen stellen an den Konferenzmanager erhöhte Anforderungen. Und wie bei einer realen Konferenz wird der Konferenzleiter verführt, persönlich zu reagieren, Sympathien oder Antipathien zu zeigen. Schließlich gibt es Konferenzteilnehmer, die uns sympathischer sind als andere.

Kritisch wird die Situation aber erst dann, wenn sich der Konferenzmanager seiner Sympathien nicht bewußt ist, die Kontrolle über sein Handeln verliert und einseitig und unter Mißachtung der Sachebene Partei ergreift.

Konferenzmanager des inneren Teams sind dann erfolgreich, wenn sie sich an die gleichen Regeln halten, wie sie sich für das Konferenzmanagement anbieten. Dazu gehört als erstes Respekt, Fairneß und Achtung gegenüber allen Teilnehmern. So gesehen ist die Akzeptanz unserer inneren Stimmen nichts anderes als Selbstakzeptanz.

Konfliktmanagement des inneren Teams

Es gibt kein Team ohne unterschiedliche Ansichten. Daraus können immer wieder Konflikte entstehen. Dann ist Konfliktmanagement indiziert. Rüdiger Klimecki, Gilbert Probst und Peter Eberl (1994) plädieren für die Beachtung einiger Regeln, indem sie ein systemisch-konstruktivistisches Managementverständnis als Antwort auf die zunehmende Komplexität entwickeln:

– »Es muß ein Konfliktforum geschaffen werden, in dem die Parteien Chancen zu einer möglichst offenen Kommunikation haben.
– Die Sozialverträglichkeit der Lösung stellt das Minimalziel für konfliktäre Aushandlungsprozesse dar.
– Verfahrensregeln für die Konflikthandhabung müssen abgestimmt werden« (S. 124).

Die Autoren betonen die Bedeutung der Systemkultur: »Diejenigen Akteure, die zum einen ihre Wertvorstellungen offen artikulieren und zum anderen ein gewisses Maß an Toleranz gegenüber divergierenden Werthaltungen zeigen, sind eher bereit, einen Konflikt auf konstruktive und diskursive Weise zu führen. Hierbei spielt die Systemkultur eine entscheidende Rolle« (Klimecki et al. 1994, S. 124). Zur Systemkultur tragen wir als Konferenzmanager ganz entscheidend bei.

Machtverhältnisse sind entscheidende Prozeßvariablen bei Entwicklungen und Veränderungen. »Sie lassen sich nur dann aufbrechen, wenn den Akteuren neue Formen der kollektiven Handlungsorganisation, die eine bessere Lösung der bestehenden Probleme versprechen, bewußt gemacht werden und wenn diese für *alle* (Hervorhebung C.E.) Akteure kompromißfähig sind« (Klimecki et al. 1994, S. 122).

Entwicklungsprozesse werden in der Regel von Konflikten begleitet, »da eine Auflösung verkrusteter Machtstrukturen auch die Chancen der individuellen Interessendurchsetzung verändert. Die Handhabung solcher Konflikte ist deshalb eine wichtige Managementaufgabe. Ein destruktiver Verlauf kann organisationale«, und, wie wir jetzt hinzufügen müssen, *persönliche* »Lernprozesse nachhaltig blockieren, und die konstruktive Bewältigung von Konflikten schafft vielfach erst die Voraussetzung, damit Entwicklungsprozesse durchbrechen können« (Klimecki et al. 1994, S. 123).

Konflikte, und daran soll an dieser Stelle noch einmal erinnert werden, sind allerdings oft der Funke, der Veränderungsprozesse überhaupt in Gang bringt. Dazu müssen sie aber, um in der Sprache des inneren Teams zu bleiben, vom Konfliktmanager gehört werden. So gesehen ist entwicklungsorientiertes Management des inneren Teams die Schaffung von Rahmenbedingungen, in denen Entwicklungsprozesse begünstigt werden, das heißt in denen die einzelnen Stimmen von vornherein möglichst als wertvolle Beiträge geachtet und gewürdigt werden.

Inneres Team und Konstruktivismus

Der Konstruktivismus geht davon aus, daß wir unsere Welt nicht als exaktes Abbild wahrnehmen, sondern unsere Welt selbst konstruieren. Ohne hier auf den Ansatz näher eingehen zu wollen, ist für unseren Zusammenhang wichtig, daß wir aus der Perspektive des inneren Teams hinzufügen können, daß unsere Stimmen den entscheidenden Beitrag bei der Konstruktion unserer Weltsicht und unserer Alltagsgestaltung leisten. Es ist vor allem die Art und Weise, wie die Stimmen unseres inneren Teams miteinander umgehen, die entscheidet, wie wir uns und unsere Welt sehen.

Humanprozesse und organisationale Prozesse sind nicht in einem Eins-zu-Eins-Verhältnis determinier- und umsetzbar. Entsprechend »muß sich die Managementlehre von den ihr liebgewordenen Vorstellungen der Machbarkeit und exakten Planbarkeit lösen (...) Beispiele für solche – heute kaum mehr brauchbaren – Managementvorstellungen sind:

– Beherrschbarkeit (Kontrolle über alle systeminternen Vorgänge),
– Prognosefähigkeit,
– exakte Planung sowie
– festgelegte Reaktionsmuster« (Klimecki et al. 1994, S. 10).

Was die Autoren für ein neues Managementverständnis fordern, gilt auch für psychomentale Prozesse. Die Choreographie unseres inneren Ensembles muß immer wieder aufs neue überprüft und eingestimmt werden. Die Aufgabe des Managements besteht darin, entsprechende Rahmen und Kontextbedingungen zu schaffen, die es den einzelnen Mitgliedern unseres Ensembles ermöglichen, ihre unterschiedlichen Potentiale in einen koevolutiven Prozeß zu integrieren.

Wie die Autoren betonen »sind Probleme nicht objektiv gegeben, sondern sie werden durch die Systemmitglieder konstruiert. Dies hat zur Folge, daß es keine richtige oder falsche Lösungsstrategie gibt, sondern nur der Grad der Nützlichkeit differiert. Toleranz gegenüber alternativen Sichtweisen« – das heißt übersetzt in die Sprache des inneren Teams, nichts anderes als Selbstakzeptanz – »ist unabdingbare Voraussetzung, um mehr Problemaspekte zu erfassen und nützlichere Lösungen zu finden« (Klimecki et al. 1994, S. 133). So gesehen sind divergierende innere Stimmen nichts anderes als beachtenswerte Beiträge, die wichtige Informationen enthalten können. Diese Sichtweise kann uns dabei unterstützen, gerade für »schwierige« Stimmen aufgeschlossen und tolerant zu sein.

Self-Coaching-Modul 2:
Selbstreflexion und Selbsterkenntnis

In diesem Kapitel lernen Sie Techniken für die Analyse von Emotionen, Kognitionen und inneren Dialogen sowie Distanzierungstechniken zur Förderung der Selbsterkenntnis.

Viele Menschen verbinden Selbsterkenntnis mit einem Sich-kritisch-hinterfragen-Müssen. Diese Sichtweise löst bei vielen die Assoziation aus, nicht in Ordnung zu sein. Eine zu starke Fokussierung auf vermeintlich kritische Aspekte der eigenen Person kann tatsächlich zunehmend verunsichern und ist dann kontraproduktiv, wenn sie den Glauben an die eigenen Fähigkeiten und Kompetenzen untergräbt.

Der Selbstschutzmechanismus des Widerstands, mit dem viele auf die Forderung nach Selbsterkenntnis reagieren, ist eine angemessene Antwort von Menschen, die ihre psychische Integrität in Gefahr sehen. Der Preis dieser Abwehr ist aber, daß Aspekte der eigenen Person im Hintergrund bleiben und sich dadurch einer bewußten Auseinandersetzung als Voraussetzung einer eventuellen Modifikation entziehen.

Umfassendes Wissen über sich zulassen und davon profitieren können, setzt psychische Stabilität voraus; sich hinterfragen, erfordert immer Mut und Stärke. Denn es geht dabei auch darum, Aspekte von sich wahrzunehmen, die Unwohlsein, Unbehagen oder Angst auslösen.

Der Weg zu verbesserter Selbsterkenntnis erfordert deshalb an erster Stelle Behutsamkeit und Sensibilität. Sich selbst gut behandeln heißt, die Grenzen der eigenen psychischen Belastbarkeit zu erkennen und zu respektieren. Wissen über sich soll nicht um des Wissens willen angehäuft, sondern so in die eigene Persönlichkeit integriert werden, daß daraus Handlungsoptionen für den Einzelfall entstehen.

In den Kapiteln Entspannung und Self-Coaching-Modul 1 haben wir die Basis geschaffen, die dafür unentbehrlich ist. Innere Gelassenheit und Selbstakzeptanz sind solide Fundamente, auf denen Selbsterkenntnis wachsen kann.

Reinhard Sprenger (1997) befaßt sich mit der Aufdeckung, Analyse und Modifikation handlungsleitender Glaubenssätze. Selbsterkenntnis ist dabei der erste Schritt zur Veränderung. Er betont: »Nur wenn Sie sich selbst die wesentlichen Bestimmungsgründe Ihres Handelns, die Glaubenssätze Ihres Lebens anschauen, können Sie sich von ihnen distanzieren ... Sie können sich jederzeit entscheiden, Ihre Glaubenssätze wiederzuwählen oder zu ergänzen« (Sprenger 1997, S. 107).

Ich plädiere für einen sanften Umgang mit Selbsterkenntnisübungen. Man muß sich nicht jeden Tag in Frage stellen. Es geht nicht darum, innere Überzeugungen oder Glaubenssätze radikal umzuformulieren. Sogar im Umgang mit Selbstgesprächen oder Glaubenssätzen, die uns heute hinderlich erscheinen, bietet sich eine achtsame und rücksichtsvolle Haltung an, wie sie im letzten Kapitel beschrieben wurde. Denn auch hier gilt: Ihre Glaubenssätze sind ein elementarer Teil von Ihnen. Führen Sie keinen Krieg gegen Ihre Glaubenssätze und gegen sich. Denn offensichtlich waren die aus heutiger Sicht unangemessenen Glaubenssätze oder Selbstgespräche zu einer bestimmten Zeit Ihrer Biographie die uns möglichen Antworten auf die damaligen Umstände. Andere standen Ihnen nicht zur Verfügung.

Selbsterkenntnis heißt vor allem, auf seine innere Stimme hören und sich ernstzunehmen. Achtsames In-sich-Hineinspüren erhöht die Sensibilität für eigene Bedürfnisse und für die eigene Befindlichkeit und stellt bereits einen Teil des Wegs zur Selbsterkenntnis dar. Entspannungstrainings und vor allem Meditation sind Methoden, die sich über Jahrhunderte hinweg besonders bewährt haben, um diesem Ziel näher zu kommen.

Distanzierungstechniken, wie sie in den Übungen 2 und 4 beschrieben werden, erleichtern es, durch das Herstellen eines inneren imaginären Abstandes, einen Blick auf sich zu werfen.

Aus der Forschung: Metakognition und Metastimmung

Die Fähigkeit, eigene Gefühle und Gedanken beeinflussen zu können, ist für unser Berufs- und Privatleben von zentraler Bedeutung. Verärgerung, Enttäuschung und Wut beeinträchtigen erheblich unser Leistungsvermögen, denn starke Gedanken und Gefühle binden Energie und Aufmerksamkeit. Aber vielen Menschen fällt die Einflußnahme auf die eigenen Gefühle und Gedanken extrem schwer. Wer eigene Gedanken und Gefühle verändern möchte, muß sie zunächst identifizieren. Metakognition bedeutet die Wahrnehmung der eigenen Gedanken, Metastimmung die Wahrnehmung der eigenen Gefühle. Dies ist vor allem dann schwer, wenn uns Gedanken oder Gefühle zu überwältigen drohen oder, wenn wir Gedanken oder Gefühle haben, von denen wir selbst glauben, daß wir sie eigentlich nicht haben dürften.

Jon Kabat-Zinn, einer der führenden Streßforscher von der Medical School der Universität Massachusetts, sieht Achtsamkeit als zentralen Ansatzpunkt im Gedanken- und Gefühlsmanagement. Achtsamkeit bedeutet, auf eine bestimmte Weise aufmerksam zu sein: absichtlich, im gegenwärtigen Moment und nicht urteilend. Eine solche Aufmerksamkeit verzeichnet alles, was die Wahrnehmung durchläuft, mit Unvoreingenommenheit, als ein interessierter aber unbeteiligter Zeuge. Achtsamkeit bedeutet also, uns unserer Stimmungen und Gedanken bewußt zu sein. Eine solche Form der Selbstreflexion stellt an sich schon eine Art des Heraustretens aus und der Distanzierung zu sich selbst und seinen eigenen Gedanken und Stimmungen dar, und ist der erste Schritt der Veränderung. »Achtsamkeit«, so Daniel Goleman (1996, S. 29), »ist ein Bewußtsein, das sich nicht von Emotionen fortreißen läßt, das auf Wahrgenommenes nicht überreagiert und es nicht noch verstärkt. Sie ist vielmehr eine neutrale Einstellung, die auch in turbulenten Situationen die Selbstreflexion bewahrt. Im besten Fall ermöglicht Achtsamkeit ein gleichmütiges Wahrnehmen gerade leidenschaftlicher oder stürmischer Gefühle. Mindestens äußert sie sich in einem gewissen Heraustreten aus dem Erleben, einem parallelen Bewußtseinsstrom, der ›meta‹ ist – also über oder neben dem Hauptstrom schwebt – und das Geschehen wahrnimmt, statt darin eingetaucht und verloren zu sein. Der Unterschied ist der, ob man beispielsweise ungeheuer wütend auf jemand ist, oder ob man den selbstreflexiven Gedanken hat ›Es ist Wut, was ich empfinde‹, während man wütend ist ... Achtsamkeit im Hinblick auf die Emotionen ist die grundlegende emotionale Kompetenz, auf der andere, wie etwa die emotionale Selbstkontrolle aufbauen. Achtsamkeit bedeutet, uns unserer Stimmung als auch unserer Gedanken über diese Stimmung bewußt zu sein ... Achtsamkeit ist ein unbeteiligtes, nicht urteilendes Wahrnehmen innerer Zustände. Unser modernes Empfinden ist natürlich nicht immer so gleichmütig. Bei emotionaler Selbstwahrnehmung tauchen oft Gedanken auf wie ›Ich sollte das nicht so empfinden‹ oder ›Bloß nicht daran denken‹«.

Besonders der Umgang mit Zorn und Ärger gehört mit zum Schwierigsten in der emotionalen Beeinflussung. Hilfreich sind Distanzierungstechniken, wie Sport treiben, einen Spaziergang machen, Entspannungstraining, oder sich anderen mitteilen.

Redford Williams, Psychiater an der Duke-Universität in Durham, N.C., entwickelte folgende Strategien, mit Ärger und Reizbarkeit umzugehen (Williams 1999):

* aufmerksame Selbstbeobachtung, um aufkommende negative Gedanken und Gefühle möglichst frühzeitig wahrzunehmen;
* die Gedanken und Gefühle ohne Bewertung niederschreiben;
* in Frage stellen und
* die notierten Gedanken und Gefühle neu bewerten oder umdeuten.

Übungen zur Selbstreflexion

Übung 1: Unangemessene Gefühle oder Gedanken zulassen (nach Simonton)

Wie wir gesehen haben, ist vor allem der Umgang mit Gefühlen wie Wut, Aggression, Angst und Hoffnungslosigkeit besonders schwer zu erlernen.

»Experimentieren Sie diese Woche mit der Wahrnehmung von unangemessenen Gefühlen – insbesondere von Wut, Angst oder Hoffnungslosigkeit. Wenn Ihnen bewußt wird, daß Sie eines dieser Gefühle erleben, halten Sie kurz inne und schreiben sofort die Vorstellung auf, die dieses Gefühl hervorgerufen hat. Erinnern Sie sich daran, *das Ziel ist nicht, das Gefühl zu unterdrücken, sondern mit ihm zu arbeiten*« (Hervorhebung C.E) (Simonton 1995, S. 169).

Übung 2: Ihr Forschungsprojekt – Selbstgesprächen und Glaubenshaltungen auf der Spur

Beispiel:

Situation:

Meine Selbstgespräche und Glaubenshaltungen:

vorher:

während:

nachher:

Beschreiben Sie Ihre Selbstgespräche und Glaubenshaltungen in schwierigen Situationen. Skizzieren Sie dazu mit wenigen Stichworten die jeweilige Situation und untersuchen Sie anschließend, was Sie vorher, während und nachher zu sich gesagt haben. Beachten Sie, daß Ihre Selbstgespräche und Glaubenshaltungen nicht immer eindeutig und konsistent ausfallen. Für viele unserer Selbstgespräche ist es geradezu typisch, daß sie positive und negative Aspekte gleichzeitig beinhalten. Diese Widersprüchlichkeit wirkt vor allem für die Personen verwirrend, die von sich das Ideal einer aus einem Guß bestehenden Persönlichkeit ohne Zweifel und Ambivalenzen besitzen. Im nächsten Self-Coaching-Modul werden wir als Demonstration das Selbstgespräch des Extrem-Bergsteigers Reinhold Messner analysieren. Dort wird deutlich, wie Selbstgespräche allmählich eine andere Richtung einnehmen können, so daß eine optimistische und zuversichtliche Haltung in eine zweifelnde umschlägt.

Es hat sich in der Praxis als hilfreich erwiesen, diese Übung als eine Art Forschungsprojekt aufzufassen. Sie können sich zum Beispiel vorstellen, ein Anthropologe zu sein, der statt die Kommunikation eines bisher unentdeckten Stammes zu erforschen, sein Selbstgespräch untersucht. Ihr anthropologisches Forschungsprojekt besteht aus zwei Schwerpunkten: Zum einen möglichst exakt zu beobachten und zum anderen die Befunde möglichst bewertungsfrei zu protokollieren. Als Forscher beobachten und notieren Sie einfach alles, gleichgültig, um welchen Inhalt es sich handelt.

Sie werden nicht in einem Durchgang alle Ihre unangemessenen Selbstgespräche aufspüren, sondern dies ist ein Prozeß, der sich über lange Zeit erstreckt. Sie werden aber bald bemerken, wie sich Ihre Sensibilität für Ihren inneren Dialog erhöht. Je länger Sie die Übung durchführen, umso mehr wird es Ihnen möglich, Distanz zu bekommen, gegenzusteuern und sich aus unangemessenen Selbstgesprächsschleifen zu befreien.

Aus der Praxis: Der »Schüler des Lebens«

Eine interessante Variante zur »Forscherperspektive« ist die des »Schülers des Lebens« von Carl Simonton. In den USA hat er ein ganzheitliches Verfahren zur Therapie von Krebs entwickelt, in dem Entspannung, Self-Coaching-Module und Meditation neben der medikamentösen Therapie die zentralen Eckpfeiler darstellen.

Die Diagnose Krebs löst bei vielen Menschen eine Art Bilanzierung ihres bisherigen Lebens aus. Dabei tritt die Frage in den Vordergrund: Habe ich mein Leben so geführt, wie es meinem Inneren entspricht oder habe ich elementare Bedürfnisse mißachtet?

Reid, einer der Teilnehmer des Therapieprogramms, beschreibt eindrücklich, welche Veränderungen er in seinem Leben vornimmt. Da seine Erfahrungen für unser Thema sehr zentral sind, möchte ich ihn ausführlicher zu Wort kommen lassen: »Zuerst fand ich es schwierig, mein Leben von einem anderen Blickpunkt aus zu betrachten, als ich das seit Jahren gewohnt war. Ich brauchte viel Zeit, bis ich erkannte, daß Änderungen nötig waren, und bis ich dies auch akzeptierte. Ich glaube dies lag an meinem Widerstreben, der Wahrheit über mein innerstes Selbst ins Auge zu sehen. Obwohl ich fand, ich hätte viele unerwünschte Eigenschaften, sehe ich im nachhinein, daß ich auch viele gute Seiten hatte und habe. Aber aus irgendeinem Grund dominierten meine negativen Seiten zu Beginn meiner Krebserfahrung mein Bewußtsein. Dies machte es für mich eher unangenehm, mich selbst genauer unter die Lupe zu nehmen ...

Eine Idee, die ich äußerst hilfreich fand, um gesundheitsfördernde Änderungen vorzunehmen, war es, die Sicht eines ›Schülers des Lebens‹ einzunehmen. Als Lebensschüler wurde ich ein

Self-Coaching

eigenständiger Beobachter von mir selbst, von ›Reid‹. So war es mir möglich, jedes Ereignis in ›Reids‹ Leben als eine Lerngelegenheit aufzufassen. Anstatt jedes Ereignis als entweder gut oder schlecht zu beurteilen, versuchte ich objektiv zu bleiben und festzustellen, daß gewisse Ereignisse einfach schwieriger waren als andere ... Ab und zu vergaß ich die Schülerrolle zu spielen, aber ich konnte immer noch nachträglich untersuchen, was ich hätte lernen können. Ich begann zu erkennen, daß die Dinge sich nicht immer so entwickelten, wie ich es erwartet hatte ...

Ich fing an, von allen Aspekten des Lebens zu lernen. Ich fing auch an, die anderen Menschen als Mitschüler zu sehen, egal, wie sie sich selbst sahen. Dies machte es einfacher für mich, die anderen so zu akzeptieren, wie sie eben sind.

Diese Veränderungen stellten sich nicht über Nacht ein, aber sie kamen ... Indem ich die Schülerperspektive einnahm, konnte ich mich allmählich in einem angenehmeren und erfreulicheren Rhythmus durchs Leben bewegen. Schüler sein, schien wenig Streß mit sich zu bringen, denn ich konnte das Leben frei erfahren, ohne das Gefühl, ich müßte kontrollieren, was ohnehin unkontrollierbar ist.

Ich brauchte eine Veränderung meiner selbst, hatte aber in der Vergangenheit meine Zeit und Energie mit dem untauglichen Versuch vergeudet, andere zu ändern oder die vergangenen oder zukünftigen Ereignisse meines Lebens zu beeinflussen.

Bevor ich Lebensschüler wurde, war ich vor jeder Entscheidung, die ich zu treffen hatte, immer sehr ängstlich ... Ich erkannte schließlich, daß ich als Schüler von allen Entscheidungen profitieren konnte, egal wie sie ausfielen, solange ich bereit war, von der Erfahrung zu lernen.

Ich fand, ich machte mehr Fortschritte mit weniger Streß, wenn ich jeweils nur die Entscheidung betrachtete, die gerade gefällt werden mußte, wenn ich mich auf die Gegenwart konzentrierte und eine klare Wahl traf. Ich erkannte, daß jede Entscheidung wiederum ihre Konsequenzen haben würde, daß man aber diese Konsequenzen später bewerten und von ihnen lernen sollte, um dann wiederum neu zu entscheiden« (Simonton 1993, S. 163–166).

Übung 3: Stellen Sie sich Ihrer Horrorvision – dem Teufel ins Auge blicken

Wenn Sie eine Reihe unangemessener Ansichten über sich herausgefunden haben, suchen Sie sich die schwierigsten heraus. Beispiele:

- Wenn ich entlassen werde, dann ist alles aus.
- Wenn man mich bloß nicht auslacht.
- Diese Präsentation darf aber kein Flop werden.
- Dieses Jahr dürfen wir auf keinen Fall rote Zahlen schreiben.
- Wenn ich jetzt noch in meiner Funktion zurückgestuft werde, hat alles keinen Sinn mehr.
- Wenn ich diesen Auftrag nicht bekomme, dann ist alles im Eimer.

Beantworten Sie in bezug auf Ihre Ansichten die folgenden Fragen:

- Wie weit verhelfen Ihnen die betreffenden Ansichten dabei, die anstehende Herausforderung in Angriff zu nehmen?
- Verhelfen sie Ihnen, Ihre kurz- oder langfristigen Ziele zu erreichen?
- Helfen sie Ihnen dabei, sich so zu fühlen, wie Sie sich gern fühlen?
- Hilft Ihnen die betreffende Ansicht dabei, Ihr Leben und Ihre Gesundheit zu schützen (Simonton 1995, S. 87)?

Wenn Sie die Mehrheit dieser Fragen mit einem klaren »Ja« beantworten können, dann ist die untersuchte Ansicht relativ gesund. Wenn nicht, denken Sie darüber nach, wie Sie die Ansicht durch eine angemessenere ersetzen können.

Überarbeiten Sie Ihre Ansichten über einen längeren Zeitraum und mehrmals hintereinander. Lassen Sie dazwischen immer wieder Zeit verstreichen. Wiederholen Sie diese Aufgabe solange, bis Ihre Ansicht an Schrecken verloren hat. Dieser Verarbeitungsvorgang braucht Zeit. Ihr Gefühl oder Ihre innere Stimme wird Ihnen sagen, wann Sie diese Aufgabe erledigt haben.

Mit dieser Technik arbeitet der Physiknobelpreisträger und Erfinder des Tunnelmikroskops Gerd Binnig:

»Ich stell mir konkret vor, was passiert, wenn ich jetzt loslasse. Da kann's ruhig an existentielle Dinge gehen. Ein wichtiger Schritt war es ja für mich, von der Schweiz hierher nach Deutschland zu gehen. Da hab ich auch gedacht: Ja und was passiert, wenn du das wirklich machst? Es kann sein, daß ich nicht mehr bei der gleichen Firma bleiben kann, bei der ich mich sehr wohl gefühlt habe. Daß mich vielleicht keiner mehr will. Und dann stelle ich mir alles vor, was passieren kann, auch die schlimmsten Fälle, und empfinde sie dann, in dem Moment gar nicht mehr so schlimm. Viel weniger schlimm als das dubiose Gefühl: Was könnte alles passieren? Wenn ich erst mal den Mut gefaßt habe, mir all diese schlimmsten Fälle vorzustellen, dann ist es für mich gelöst, dann kann ich loslassen. Wenn ich diesen Schritt nicht schaffe, mir vorzustellen, was passiert, kann ich auch nicht loslassen« (Schaffelhuber 1991, S. 41–55).

Übung 4: Sich mit der Kamera des TV-Mannes sehen

Selbsterkenntnis setzt Abstand zu sich voraus. Es gibt eine Reihe von Techniken, die uns in die Lage versetzen, willentlich Abstand zu uns herzustellen. Damit können wir vergangene Situationen noch einmal vor unserem inneren Auge vorbeiziehen lassen.

Beispiel: Sie stellen sich vor, Sie seien im Kino. Sie fühlen sich wohl, sitzen in einem bequemen Sessel und betrachten einen Film, in dem Sie selbst vorkommen und eine zentrale Rolle spielen. Den Abstand zum Film können Sie selbst regulieren, indem Sie auswählen, ob Sie am liebsten in der ersten Reihe, in der Mitte oder ganz hinten sitzen möchten. Sie können auch wählen, ob Sie den Film allein oder mit einer oder mehreren Personen Ihrer Wahl anschauen möchten.

Die im nächsten Fallbeispiel beschriebene Methode, sich aus der Perspektive einer Fernsehkamera zu sehen, ist eine weitere Variante dieser Technik.

Aus der Praxis: Was wird wohl mein Chef darüber denken?

Die Selbstgespräche vieler Menschen drehen sich darum, wie sie von anderen gesehen werden. Im Mittelpunkt stehen entweder ängstlich besorgte Gedanken darüber, was andere über sie denken könnten, oder ein übersteigertes in den Augen des anderen Gut-Dastehen-Wollen. Statt nach der eigenen Überzeugung zu handeln, zensieren sie sich selbst, indem sie sich aus der imaginären Perspektive einer anderen Person sehen.

Frau Rosen, Trainee in einem Softwareunternehmen, berichtet:

C.E.: Können Sie über Ihre Erfahrungen mit Self-Coaching berichten?

Frau Rosen: Ich begann zunächst mit Entspannungstraining und habe vor zwei Jahren mit Self-Coaching begonnen.

C.E.: Was war dabei Ihr Anliegen?

Frau Rosen: Zwei Dinge: Ich wollte einmal besser mit mir selbst umgehen, und ich wollte mehr über mich selbst erfahren.

C.E.: Was haben Sie unternommen, um Ihren Zielen näherzukommen?

Frau Rosen: Ich habe damit angefangen, während meiner Arbeit kleine Pausen für mich zu nutzen. In Konferenzen, Sitzungen, Meetings und Workshops gibt es immer wieder kurze Zeiten, wo ich nicht engagiert sein muß. Ich halte dann einfach kurz inne und besinne mich auf mich selbst, um zu spüren, ob ich jetzt eher nervös oder eher gelassen bin, und um mich dann ganz bewußt kurz zu entspannen.

C.E.: Wie beurteilen Sie die Auswirkungen dieser Übung?

Frau Rosen: Ich wurde insgesamt ruhiger und gelassener, aber ich glaube, ich wurde damit auch innerlich stärker und selbstbewußter.

C.E.: Und wie haben Sie Ihr zweites Ziel, mehr über sich selbst zu erfahren, verfolgt?

Frau Rosen: Ich fing damit an, mich während Besprechungen oder danach im Rückblick selbst zu beobachten. Ich stellte mir dabei vor, hinter einer Fernsehkamera zu stehen, und die Situation aus der Perspektive des Kameramanns zu sehen. Nach einiger Zeit wurde mir deutlich, wie sehr ich mein Handeln danach abstimmte, was wohl mein Chef darüber denken könnte. Ich bemerkte, daß ich zum Teil so handelte, wie ich glaubte, daß mein Chef damit zufrieden sei.

C.E.: Haben Sie aus dieser Erkenntnis Konsequenzen gezogen?

Frau Rosen: Als ersten Schritt habe ich vermehrt darauf geachtet, wann es wieder soweit ist, daß ich damit anfange, mich mit den Augen meines Chefs zu sehen. Zu meiner eigenen Verdeutlichung habe ich diese Situationen kurz mit einem Stichwort notiert. Dann steuerte ich bewußt dagegen, indem ich zu mir sagte: Bilde Dir doch erst mal selbst eine eigene Meinung. Das klappt mittlerweile ganz gut, wenn ich mich auch manchmal dabei ertappe, noch zu sehr so zu handeln, wie ich glaube, daß es meinem Chef gefällt.

C.E.: Wie war es für Sie, wenn Sie das Gefühl hatten, also mein Chef würde das jetzt sicher ganz anders machen, oder: da ist er sicher anderer Meinung?

Frau Rosen: Das war am Anfang schon etwas beängstigend. Ich hab mir dann gesagt: Probier's einfach einmal aus und beobachte, was dabei geschieht.

Kommentar: Beachten Sie die Aufteilung des Gesamtziels (zur eigenen Meinung stehen, auch wenn der Chef anderer Ansicht sein sollte) in Unterziele: Probiere einmal aus, deine Meinung zu sagen und beobachte, was geschehen wird.

C.E.: Wie hat Ihr Chef reagiert?

Frau Rosen: Nun, das erste Mal hat mein Chef überhaupt nicht reagiert. Er hat keinerlei Notiz davon genommen. Vielleicht war er gar nicht anderer Ansicht als ich. Ich hab mir jedenfalls selbst innerlich zu meinem Mut gratuliert. Natürlich kam es später vor, daß ich tatsächlich eine andere Meinung als mein Chef vertreten habe und auch seinen Widerspruch hervorgerufen habe.

C.E.: Wie hat sich das auf Ihre Beziehung zu Ihrem Chef ausgewirkt?

Frau Rosen: Eigentlich nicht sehr – sicher nicht negativ. Ich glaube, daß mich mein Chef insgesamt mehr respektiert. Ich sehe es heute so: Verschiedene Ansichten stehen einfach zunächst einmal nebeneinander. Mir geht es ja auch nicht darum, mich in einen Machtkampf mit ihm zu verstricken, sondern einfach mehr zu dem zu stehen, was ich denke und was mir wichtig ist.

Mir geht es selbst dabei besser, und ich bin davon überzeugt, daß meine berufliche Leistung davon profitiert.

Kommentar: Einen ganz anderen Aspekt rückt die Analyse dieses Beispiels unter dem Gesichtspunkt der Aufmerksamkeitsfokussierung in den Vordergrund. Frau Rosen konzentrierte sich nicht auf die *Sachebene*, sondern sie befaßte sich mit den *Konsequenzen* ihrer eventuell von der ihres Chefs abweichenden Meinung und reagierte darauf mit unnötiger Verkrampfung und Zurückhaltung. Beides sind denkbar ungünstige Voraussetzungen für die erfolgreiche Entfaltung ihres Potentials und für den angemessenen Umgang mit sich selbst.

Sprenger (1995) weist darauf hin, daß es grundsätzlich sinnvoller ist, sich auf die *Durchführung* einer Aufgabe zu konzentrieren, als in unangemessenem Ausmaß darauf, welche negativen Konsequenzen eintreten könnten, vor allem dann, wenn negative Konsequenzen nicht zu vermeiden sind. Dies ist bei Beurteilungs- und Bewertungsprozessen anderer über uns und unsere Arbeit vor allem dann der Fall, wenn keine eindeutigen Beurteilungskriterien für Erfolg oder Mißerfolg vorhanden sind.

Aus der Praxis: Selbsterkenntnis und Führung

Das traditionelle Führungsverständnis, nach dem einer führt und die anderen sich führen lassen, gilt heute als überholt. Führung ist vielmehr ein interaktiver Prozeß, der nur gelingt, wenn Ihre Mitarbeiter es Ihnen erlauben, sich von Ihnen führen zu lassen. Sonst sind Sie zwar noch Vorgesetzter und Ihre Mitarbeiter werden so klug sein, einige Ihrer Anordnungen zu befolgen, aber das reicht angesichts der komplexen Anforderungen, die an Ihre Mitarbeiter gestellt werden, längst nicht mehr aus. Zugegebenermaßen ist es oft sehr schwer, seine Mitarbeiter für seine Ideen zu gewinnen und somit sind Führungskrisen ein kaum zu umgehender Teil des Führungsalltags. Wie sich aus ihnen verbesserte Führungskompetenz erwerben läßt, demonstriert das Beispiel von Frau Pilz:

Seit circa eineinhalb Jahren leite ich eine der vielen Filialen eines großen Dienstleistungsunternehmens. Obschon ich von Anfang an großen Wert auf ein gutes Verhältnis zu meinen Mitarbeitern legte, bemerkte ich, wie sich im Laufe der letzten Zeit Stimmung und Klima bei uns kontinuierlich verschlechterten. Auf der letzten Mitarbeiterbesprechung gab ich bekannt, wie aus meiner Sicht Vorgaben unserer Konzernleitung in unserer Filiale umgesetzt werden könnten. Diese Vorgaben fanden bei meinen Mitarbeitern von Beginn an kein großes Entgegenkommen und über ihre Umsetzung wurde während der letzten Besprechungen zum Teil heftig diskutiert. Allerdings hatte auch mein Vorgesetzter bereits konkrete Vorstellungen darüber, wie diese Vorgaben in unserer Filiale umgesetzt werden könnten. Diese fanden aber nicht die Zustimmung meiner Mitarbeiter. Bei der letzten Besprechung platzte, für mich wie aus heiterem Himmel, einem meiner Mitarbeiter, den ich bisher besonders geschätzt hatte, der Kragen. Er warf mir vor, selbst nicht zu wissen, was ich eigentlich wollte. Keiner wisse, woran er genau sei und was eigentlich auf sie zukäme. Nach diesem Eklat endete die Besprechung ohne konkretes Ergebnis. Im ersten Moment war ich so bestürzt und niedergeschlagen, daß ich mir ernsthaft überlegt habe, meine Stelle aufzugeben. Nachdem ich aber den ganzen Vorfall zu Hause vor meinem inneren Auge noch einmal Revue passieren ließ, entschied ich mich dafür, ihn zu nutzen, um mich ernsthaft damit auseinanderzusetzen, was eigentlich in unserer Filiale schiefläuft und was davon auf mein Konto geht.

Ich wählte absichtlich erst den zweiten Tag nach dieser Auseinandersetzung, um mir in Ruhe Gedanken zu machen. So konnte ich etwas Abstand gewinnen. Ich nahm mir den Abend Zeit, um mir bei einem Spaziergang die ganze Situation durch den Kopf gehen zu lassen. Ich habe es schon öfter als hilfreich für mich erlebt, mir wie aus einer übergeordneten Perspektive, also quasi wie ein Ethnologe, der eine fremde Kultur möglichst unvoreingenommen erforscht, über schwierige Situationen Gedanken zu machen. Aus dieser Perspektive mußte ich erkennen, daß die Vorwürfe nicht ganz ungerechtfertigt waren, da ich versuchte, es allen Recht zu machen: meinem direktem Vorgesetzten und meinen Mitarbeitern. Häufig hatten aber beide Seiten unterschiedliche Ansichten. Da mein Vorgesetzter und meine Mitarbeiter kaum miteinander kommunizierten, sondern meistens über mich, stand ich dazwischen und Meinungsverschiedenheiten mußten über mich ausgetragen werden. Weil ich versuchte, es sowohl meinen Mitarbeitern als auch meinem Vorgesetzten Recht zu machen war die Kritik, ich würde manchmal so und dann wieder anders entscheiden, eigentlich berechtigt. Mir wurde klar, daß mein Mitarbeiter eigentlich mehr Recht hatte als ich ursprünglich glauben wollte. Damit war die Situation aber noch nicht gelöst.

Plötzlich wurde mir bewußt: Solange ich selbst keine eigene klare Meinung hatte, bei der Sachargumente im Vordergrund standen, würde ich ein Spielball zweier Parteien bleiben. Mit meinem Vorgehen es mal dem einen und mal dem anderen recht zu machen, hatte ich mich selbst entscheidungsunfähig gemacht.

Ich entschied mich daraufhin für folgendes Vorgehen:

1. Bei anstehenden Entscheidungen werde ich mir als erstes selbst ausführlich und in Ruhe ein Bild machen und überlegen, was aus sachlicher Sicht das Beste ist.
2. Ich habe mir lange darüber Gedanken gemacht, warum ich so großen Wert darauf lege, es allen recht zu machen. Es war eine Art Angst vor Kritik. »Es möglichst allen Recht machen«, war in etwa mein inneres Selbstgespräch. Ich hab es umgewandelt in: »Ich entscheide danach, was ich aus sachlicher Sicht für gerechtfertigt halte.« Dies fällt mir auch heute nicht immer leicht, doch ich hab einige Fortschritte in diese Richtung gemacht. In regelmäßigen Abständen konzentriere ich mich während meines täglichen Self-Coaching-Trainings auf diesen Vorsatz.

Self-Coaching-Modul 3:
Sich stark reden

In diesem Kapitel lernen Sie, Ihren inneren Dialog neu zu gestalten und unangemessene Selbstgespräche durch angemessene zu ersetzen.

Im letzten Kapitel haben Sie mit der Analyse Ihrer Emotionen, Kognitionen und Selbstgespräche einen wichtigen Schritt in Richtung Selbsterkenntnis unternommen. Daß der innere Dialog nicht immer eindeutig ist, belegt ein Ausschnitt aus einem Interview mit Reinhold Messner.

Er ist der erste Mensch, der ohne Sauerstoffgerät den Mount Everest bestieg, alle Achttausender der Welt bezwang und den Südpol zu Fuß überquerte. Im folgenden Interview versucht Messner zu erklären, wie er auf die Frage nach dem Warum seiner Extremexkursionen reagiert.

»Ich leide schon unter der Tatsache, daß ich täglich gefragt werde: ›Warum machen Sie das?‹ Ich frage mich, wenn ich etwas machen will, überhaupt nicht mehr, warum ich das mache. Ich will das, und ich mache das. Natürlich kommen dann Leute und sagen: ›Das ist ein verrückter Vogel!‹ Das stört mich gar nicht. Das stört mich gar nicht richtig. Das höre ich gar nicht richtig. Aber wenn ich ununterbrochen antworten muß, dann fange ich früher oder später selber an, an meinem Warum zu zweifeln« (Schaffelhuber 1993, S. 101).

Der Ausschnitt belegt eindrücklich, wie sich doch langsam Selbstzweifel einschleichen. Sie entstehen in dem Moment, in dem Messner darüber nachdenkt, was andere von seinen Unternehmungen halten. Sobald er diese Außenperspektive einnimmt, beginnt er, sich in Frage zu stellen.

Natürlich sind Zweifel nicht grundsätzlich schlecht, denn sie können uns dazu veranlassen das zu unternehmen, was notwendig ist, um eine Situation erfolgreich zu bestehen. Die an uns selbst gerichtete Frage:»Bin ich gut auf diese Verhandlung, Präsentation und so weiter vorbereitet?« ist sinnvoll. Kritisch wird das Selbstgespräch dann, wenn wir damit anfangen, uns selbst in Frage zu stellen, obschon wir eigentlich gut vorbereitet sind.

Dann führen wir zwei Formen von Selbstgesprächen, die in Sekundenbruchteilen hin und her springen können. Zuversichtliche wechseln ab mit zweifelnden. In solchen Situationen wird derjenige erfolgreicher sein, dem es gelingt, seine Gedanken regulieren zu können. Dazu ist die Fähigkeit nötig, unangemessenen Gedanken soweit Einhalt bieten zu können, daß sie nicht die Oberhand gewinnen. Das gelingt uns dann, wenn wir unsere Aufmerksamkeit auf motivierende und aufbauende Gedanken fokussieren. Der erste Schritt besteht also darin, die eigenen Selbstgespräche überhaupt zuzulassen. Andernfalls führen sie ihr Eigenleben in unserem Unterbewußten. Das haben Sie bereits in den Modulen 1 und 2 gelernt. Wir können nur dann gezielt Veränderungen vornehmen, wenn wir wissen, was wir überhaupt ändern möchten.

Übung: Selbstgespräch für souveränes Agieren

Gehen Sie Ihre Selbstgespräche nochmal an Hand der folgenden Fragen durch:

- Wie weit verhelfen Ihnen die betreffenden Ansichten dabei, die anstehende Herausforderung in Angriff zu nehmen?
- Verhelfen sie Ihnen Ihre kurz- oder langfristigen Ziele zu erreichen?
- Helfen sie Ihnen dabei, sich so zu fühlen, wie Sie sich gern fühlen?
- Hilft Ihnen die betreffende Ansicht dabei, Ihr Leben und Ihre Gesundheit zu schützen?

Entwickeln Sie positive Selbstgespräche, die Sie in Zukunft an Stelle der unangemessenen einsetzen. Konstruieren Sie diese so, daß sie exakt für Sie stimmen. Sie können sie nach einiger Zeit überarbeiten, so daß sie paßgenau für sie sind.

Self-Coaching

Anregungen:
- Formulieren Sie respektvoll und mit Wertschätzung.
- Formulieren Sie positiv und zielorientiert.
- Verwenden Sie Metaphern, die für Sie positiv besetzt sind.
- Feilen Sie solange an Ihrer Formulierung, bis sie sich wirklich gut anfühlt.

Vermeiden Sie:
- Negative und kritische Kommentare über sich selbst,
- Worte wie »nicht«, »keine« etc.

Meine positiven Selbstgespräche für schwierige Situationen:

Vorher:

Während:

Nachher:

Beispiele für die Umwandlung unangemessener in angemessene Selbstgespräche

- *Unangemessenes Selbstgespräch:* Auf dem nächsten Workshop, den ich leite, wird wieder Herr X dabei sein. Wenn ich nur daran denke, bringt es mich jetzt schon durcheinander – immer dessen komische Fragen. Der meint wohl, ich kann nichts. Oder er will mich ausbooten.
- *Ersetzen durch:* Das Verhalten von Herrn X finde ich zwar unangenehm, ich werde ihn aber nicht ändern können. Also, wenn er sich nicht ändert, muß ich etwas ändern. Und wenn ich es mir richtig überlege, sind manche seiner Fragen gar nicht so uninteressant. Beim nächsten Workshop werde ich ihm beiläufig mitteilen, daß ich seine Beiträge interessant finde und er mir damit schon zu manchen wichtigen Anregungen verholfen hat. Mal sehen, wie er darauf reagieren wird. Außerdem entscheidet nicht er über meine berufliche Zukunft.

- *Unangemessenes Selbstgespräch:* Was mir da wieder für ein

Fehler passiert ist. Ich glaube, für den Job bin ich nicht geeignet. Hoffentlich hat keiner was gemerkt.

– *Ersetzen durch:* Dieser Fehler ist mir passiert, auch wenn es mir im Moment peinlich ist. Aber Fehler können eben passieren. Ich kann es jetzt nicht mehr rückgängig machen. Auch wenn es mir schwerfällt, werde ich meinen Chef darüber informieren. Außerdem werde ich darüber nachdenken, warum das passiert ist, und was ich beim nächsten Mal anders machen werde.

– *Unangemessenes Selbstgespräch:* Wenn meine nächste Präsentation wieder ein Flop wird, bin ich aber geliefert.

– *Ersetzen durch:* Ich habe mich auf die nächste Präsentation gut vorbereitet. Das war ein schönes Stück Arbeit, das ich gut erledigt habe. Was andere letztendlich darüber denken, kann ich nicht festlegen.

– *Unangemessenes Selbstgespräch:* Was ist mir denn da bloß wieder passiert. Jetzt hat mein Chef schon wieder eine komische Andeutung wegen meiner Leistungen gemacht. Jetzt darf aber gar nichts mehr schiefgehen.

– *Ersetzen durch:* Mein Chef hat eine Andeutung wegen meiner Leistungen gemacht. Ich habe aber nicht genau verstanden, was er wirklich gemeint hat. Eventuell ist er mit der Erledigung dieses Auftrags nicht zufrieden. Ich fand die Aufgabe schwierig und sie ist mir nicht optimal gelungen. Auch in der Vergangenheit kam das schon vor. Ich werde ihn um ein Gespräch bitten und daraufhin ansprechen.

– *Unangemessenes Selbstgespräch:* Da haben meine Angestellten aber schlecht reagiert. Jetzt habe ich doch eine Umstrukturierung vorgenommen, von der ich überzeugt bin, daß sie unserem Unternehmen zugute kommt. Aber alle schneiden mich jetzt. Sogar in der Kantine geht man mir aus dem Weg. Ich glaube, die wünschen mich zum Teufel.

– *Ersetzen durch:* Die neuen Umstrukturierungsmaßnahmen sind wirklich nicht für alle Mitarbeiter leicht. Einige müssen mehr Verantwortung übernehmen, andere müssen neue Aufgaben übernehmen und für einige ergibt sich tatsächlich eine Verschlechterung. Ich finde es bedauerlich, wenn die Mitarbeiter nicht über ihren eigenen Bereich hinaussehen können, denn ich habe die nötigen Maßnahmen ausführlich in der Betriebsversammlung dargestellt und nach einigem zähem Ringen mit dem Betriebsrat verabschiedet. Allerdings ist es typisch, daß dies zunächst mal einen Solidarisierungseffekt auslöst. Ich werde damit leben müssen, daß mir meine Mitarbeiter, zumindest für die nächste Zeit, aus dem Weg gehen. Das soll aber eine Herausforderung für mich sein, sie alle weiterhin fair und anständig zu behandeln. Ungerechtfertigtes Meckern werde ich aber auch scharf zurückweisen.

Beachten Sie: Jedes Beispiel zeigt, daß die Umarbeitung eines Selbstgesprächs immer auch mit einer Umfokussierung der Aufmerksamkeit Hand in Hand geht. Deshalb ist es hilfreich zu überprüfen, worauf die eigene Aufmerksamkeit gerichtet ist. Sind das eher Gedanken, Bilder, Vorstellungen, Selbstgespräche, die Kraft geben, oder eher Selbstgespräche, die lähmen und das Selbstvertrauen untergraben.

Aus der Praxis: Hypnosetherapie

Ein hervorragendes Beispiel für ein individuell zugeschnittenes Drehbuch zur Steigerung der Prüfungskompetenz bietet Fred Christmann in »Mentales Training« (1996). Es handelt sich um einen Ausschnitt aus einer Hypnosetherapiesitzung mit einem Studenten, der, nachdem er bereits bei zahlreichen wichtigen Prüfungen sein Können nicht abrufen konnte, eine letzte Chance zur Ablegung seines Examens hat. Seine schlimmste Befürchtung: Bei Nichtbestehen wäre sein langjähriges Studium umsonst gewesen und er stünde ohne Perspektive da. Der Erfolgsdruck ist also einerseits für ihn sehr hoch, andererseits hat er aufgrund seiner zahlreichen negativen Erfahrungen starke Versagensängste aufgebaut.

Statt der Anweisung, die der Therapeut dem Studenten gibt, können wir uns eigene Drehbücher entwerfen, die wir paßgenau auf unsere Anforderungen und Bedürfnisse zuschneiden können. Nachdem wir das Drehbuch auf Kassette aufgenommen haben, können wir es uns in entspanntem Zustand vorspielen.

Achten Sie besonders darauf, wie der Therapeut mögliche auftauchende Hindernisse, die er im Vorab mit dem Studenten eruiert hat, in dem Drehbuch so einbaut, daß ihre erfolgreiche Überwindung für den Studenten möglich wird.

Therapeut:»Stellen Sie sich vor, wie Sie am Tag der Prüfung aufstehen; stellen Sie sich vor, daß Ihre Gedanken gleich zur Prüfung gehen. Daß Sie sich dann selbst sagen: ›Ich darf aufgeregt sein, aber jetzt versuche ich zuerst einmal im Hier-und-Jetzt zu bleiben; also konzentriere ich mich zuerst mal aufs Frühstück.‹ Stellen Sie sich vor, wie Sie so mit sich reden. Und wie Sie sich dann ganz auf das Frühstück konzentrieren ...

Und immer, wenn Gedanken an die Prüfung kommen, unterbrechen Sie diese sofort und verschieben Sie auf später, jetzt erst einmal frühstücken ...

... Also immer wieder, wenn Unruhe auftaucht, diese akzeptieren, es ist ja der Prüfungstag, aber es ist noch nicht die Zeit dafür – jetzt frühstücken Sie ... gelernt haben Sie genug ...

Kommentar: Bereits dieser erste Ausschnitt zeigt Ihnen, daß das Drehbuch keine simplifizierenden Ich-werde-es-schon-schaffen-Anweisung enthält, sondern gezielte Strategien und Handlungsalternativen für den erfolgreichen Umgang mit eventuell auftauchenden Problemen, wie ein überhöhtes Erregungsniveau, bereitstellt. Beachten Sie im folgenden weiterhin diesen wichtigen Aspekt.

Und dann stellen Sie sich vor, wie Sie zur PH (Pädagogischen Hochschule) gehen, Sie sind allein, Sie haben nur Material dabei, das Sie zur Prüfung brauchen. Und jetzt, da Sie allein sind, gehen Sie noch einmal alles durch, wie es ablaufen wird; gehen Sie Punkt für Punkt durch, wie Sie vorhaben diese Prüfung zu absolvieren – so wie wir es im folgenden besprechen. Stellen Sie sich insbesondere vor, wie Sie sich vornehmen, Aufregung, die nicht mehr prüfungsangemessen ist, zu kontrollieren und wieder in den Griff zu bekommen, indem Sie negative Gedanken stoppen, den Körper etwas entspannen, mit sich selbst reden, dabei die notwendige Erregung akzeptieren, sich selbst Mut machen und sich dann auf die unmittelbar folgende Aufgabe konzentrieren ...

Nach dieser Vorstellung bleiben Sie wieder ganz im Augenblick, d. h., Sie nutzen die verbleibenden Minuten auf dem Weg, um sich abzulenken: schauen Sie sich die Gegend an, wie weit die Natur ist, wie das Wetter ist.

... Bevor Sie die Eingangstür öffnen, machen Sie sich Mut, sagen

Sie sich, wie gut Sie vorbereitet sind, inhaltlich und verhaltensmäßig. Und konzentrieren Sie sich auf die nächste Aufgabe, nämlich das Überfliegen des Schwarzen Brettes. Stellen Sie sich vor der Glastür vor, wie Sie gleich ganz ruhig das Schwarze Brett von oben bis unten und von links nach rechts durchschauen und sich den Raum der Prüfung einprägen. Dann gehen Sie hinein ... Nehmen Sie sich Zeit ...

Wenn Sie beim Prüfungsraum ankommen, warten wohl schon einige davor. Andere werden noch dazukommen. Sagen Sie kurz ›Guten Morgen‹, ›Hallo‹, aber stellen Sie sich an den Rand. Distanzieren Sie sich von allen, die jetzt viel reden müssen, über die Schwere der Prüfung, versäumtes Lernen usw. Sprechen Sie innerlich mit sich selbst, sagen Sie, daß bis jetzt alles gut gegangen ist, daß Sie gut angekommen sind, daß Sie gut vorbereitet sind, daß Sie aufgeregt sind wie alle und daß diese Unsicherheit eben durch die Situation bedingt ist. Dann besinnen Sie sich darauf, wo Sie stehen, nutzen Sie die Gelegenheit wieder etwas zu entspannen, d. h. Sie brechen alle Gedanken an die Prüfung ab ...

... Und dann konzentrieren Sie sich auf die nächste Aufgabe, wenn Sie in das Prüfungszimmer kommen, erschrecken Sie nicht, bleiben Sie pragmatisch; das Zimmer ist weiß, sachlich, kühl, vielleicht ist Ihr Platz ganz an der Wand, das ist bedeutungslos. Stellen Sie sich vor, wo immer Sie sitzen, machen Sie Ihre Prüfung, wie Sie sie machen wollen. Ein weißes Zimmer, ein Platz an der Wand sind gut, wenn man Ablenkung vermeiden will. Dann stellen Sie sich vor, wie Sie in dieses Zimmer gehen, das Ihnen nicht gefällt und in das Sie nur gehen, um die Prüfung zu machen, und wie Sie dann in diesem Zimmer von Tisch zu Tisch gehen, um Ihren Platz zu suchen. Stellen Sie sich vor, daß Sie ganz ruhig diesen Platz suchen. Sie werden nicht der Letzte sein, der seinen Platz hat, aber Sie können der Letzte sein, es ist völlig bedeutungslos. Die Prüfung fängt nicht eher an, als bis Sie sitzen. Sie stellen sich immer noch vor, wie Sie sich auf diese Platzsuche vorbereiten.

Und jetzt erst gehen Sie in das Zimmer, suchen Ihren Platz in aller Ruhe, und während Sie sich setzen und die anderen sich setzen, während die Themen ausgegeben werden, haben Sie wieder Gelegenheit für eine kleine Pause. Überlegen Sie nicht, was es für Themen geben könnte, seien Sie nicht ungeduldig, sobald wie möglich das Thema der Klausur herauszufinden, sondern warten Sie ab und konzentrieren Sie sich auf sich selbst. Nutzen Sie die Zeit noch für eine Pause, sich zu sagen, wie Sie bisher alles ruhig und gelassen absolviert haben, geben Sie sich Mut, sagen Sie sich selbst, daß Sie Mut haben können, denn Sie haben sich auch gut vorbereitet; und dann erholen Sie sich, indem Sie ruhig atmen und die Muskeln locker lassen.

Wenn Sie jetzt die Themen erhalten, dann lesen Sie die Themen in aller Ruhe durch; das ist Ihre nächste Aufgabe, die Themen vollständig durchzulesen. Wann immer Aufregung unkontrolliert durchbrechen will, dann stoppen Sie, konzentrieren Sie sich erst einmal auf Ihre Muskeln, daß Sie diese locker lassen, und akzeptieren Sie die Aufregung, die noch besteht, sagen Sie sich selbst, welchen Stellenwert die Prüfung hat, daß sie nie zur Katastrophe werden kann; dann sagen Sie sich: ›Ich hab den Mut diese Aufgaben anzupacken, und ich konzentriere mich jetzt nur auf das Durchlesen, das vollständige Durchlesen.‹ Und dann fangen Sie sofort an durchzulesen.

Jetzt loben Sie sich, daß Sie alles in Ruhe durchgelesen haben.

Dann nehmen Sie sich die nächste Aufgabe vor. Machen Sie zu allen Themen eine Stoffsammlung und sagen Sie sich selbst, daß es jetzt nicht auf Logik oder Systematik ankommt, sondern lassen Sie alles zu, was Ihnen einfällt. Gehen Sie vor wie bei der Meditation, alles kann kommen und wie es kommt, schreiben Sie es auf, ohne jegliche Bewertung; es ist nur Konzept. Und das zu jedem Thema, und kein Thema hat mit Ihnen persönlich zu tun, jedes Thema ist nur sachlich.

Wenn mal wieder Aufregung durchbricht, dann sprechen Sie mit sich selbst, akzeptieren Sie die Erregung, kontrollieren Sie aber die Erregung, so daß Sie maximal leistungsfähig sind, dadurch, daß Sie sich auf die Muskelentspannung konzentrieren, dadurch, daß Sie sich Mut machen und dadurch, daß Sie sich auf die nächste Aufgabe konzentrieren, immer die jeweils nachfolgend nächste Aufgabe.

Jetzt erfolgt eine Entscheidung über die Reihenfolge, wie Sie die Themen erarbeiten wollen ...

Nehmen Sie sich nun das erste Thema vor; lesen Sie noch mal das Thema, lesen Sie ihre Stoffsammlung und machen Sie eine Gliederung als Konzept. Die Gliederung braucht Zeit, hier kommt es auf Systematik an. Wenn einmal etwas nicht gleich klappt, wenn es scheint, als verhedderten Sie sich, dann stoppen Sie die Erregung, sagen Sie sich selbst, daß so etwas immer wieder vorkommt, daß das bedeutungslos sein wird für das Gesamte, lassen Sie etwas locker, machen Sie sich Mut, und dann machen Sie an der Gliederung konzentriert weiter« (Christmann 1996, S. 35–39).

Aus der Forschung: Das Konzept der kognitiven Bewertung

Einer Herausforderung können wir uns nur dann stellen, wenn wir sie als bewältigbar bewerten. Diesen Bewertungsprozeß nehmen wir aktiv vor. Er liegt nicht, wie es uns so oft scheint, in der Natur

Self-Coaching

der Sache. Ereignisse, unabhängig davon, welcher Art sie sind, sind zunächst einmal Ereignisse. Nicht mehr und nicht weniger. Sie sind an sich weder gut noch schlecht. Erst in einem zweiten Schritt, der innerhalb von Sekundenbruchteilen stattfindet, stülpen wir unsere Bewertung einem Ereignis über. »Gut/schlecht«, »bewältigbar/nicht bewältigbar« sind dabei die Hauptdimensionen. Dies war auch schon dem Stoiker Epiktet vor über 2000 Jahren bekannt, der bemerkte: »Nicht die Dinge selbst sind es, die uns beunruhigen, sondern unsere Ansichten über die Dinge.«

Schon lange ist bekannt, daß unsere Kognitionen entscheidend dazu beitragen, wie wir unsere Umwelt erleben, ob wir uns eher gut oder schlecht fühlen, wie wir uns verhalten und vieles mehr. Entscheidende Impulse erhielt die Kognitionsforschung in den frühen 80er Jahren aus der Streßforschung. Dabei fand vor allem die Tatsache besondere Beachtung, daß Menschen auch sehr belastende Ereignisse, wie zum Beispiel den Tod eines nahestehenden Angehörigen oder Arbeitslosigkeit, sehr unterschiedlich bewältigen. Was für den einen ein unüberwindbares Hindernis darstellt, an dem er eventuell sogar körperlich schweren Schaden nimmt oder psychisch zerbricht, ist für den anderen ein bewältigbares Ereignis, durch das er sich nicht aus der Bahn werfen läßt. Warum ist das so?

Dabei spielen Kognitionen eine Art Vermittlerfunktion. Denn sie tragen ganz entscheidend dazu bei, wie wir Situationen bewerten um dann entsprechend zu handeln (Stroebe 1998).

Wolfgang und Margaret Stroebe (1998) fassen die wichtigsten Befunde über den Zusammenhang von kognitiver Bewertung und Bewältigung zusammen. Die Streßforschung unterscheidet zwischen drei Formen der Bewertung:

»Bei der primären Bewertung stufen die einzelnen Menschen eine Situation hinsichtlich der Bedeutung für ihr persönliches Wohlbefinden ein und entscheiden, ob sie diese Situation als unwichtig, erfreulich oder belastend erleben« (S. 205).

Eine Situation wird als belastend erlebt, wenn sie die Möglichkeit von Schaden oder Verlust birgt. Dann muß überdacht werden, wie wir die Situation bewältigen können, und es muß eine Entscheidung getroffen werden, welche Methode am besten geeignet ist, das beabsichtigte Ziel zu erreichen. Eine Autofahrerin, die zu einem wichtigen geschäftlichen Termin unterwegs ist und die auf der Autobahn bei eisglatter Fahrbahn in dichten Nebel gerät, muß sich entscheiden, ob sie weiterfahren oder auf dem nächsten Parkplatz anhalten soll, um zu warten bis sich die Verkehrsverhältnisse bessern. Dieses Überdenken aller vorhandenen Möglichkeiten nennt man sekundäre Bewertung. Das Ausmaß, in dem wir eine Situation als Streß empfinden, ist abhängig von der Kombination der primären Bewertung (Was liegt an?) und der sekundären Bewertung (Welche Reaktionsmöglichkeiten habe ich?).

»Das Konzept der Neubewertung wurde eingeführt, um deutlich zu machen, daß *kognitive Bewertungsvorgänge veränderlich und dauernd im Fluß sind* (Hervorhebung C.E.), je nachdem, welche neuen Informationen hinzukommen ... Wenn die Autofahrerin meint, daß sie mit den schwierigen Straßenverhältnissen recht gut zurechtkommt, oder wenn sie merkt, daß das vermeintliche Glatteis doch nur Nässe war, wird sie die Bedrohlichkeit der schlechten Fahrbedingungen neu einschätzen« (S. 205).

Möglicherweise hat unsere Autofahrerin in einer ersten Bewertung die Situation als äußerst streßreich taxiert, zum Beispiel dann, wenn sie sich in lebhaften Farben all die möglichen negativen Konsequenzen ausmalt, die aus einem eventuellen Nichteinhalten des Termins erwachsen. Aber auch diese Bewertung kann sie aktiv umgestalten, indem sie mögliche negative Konsequenzen akzeptiert und in Relation zu ihrer eigenen Gesundheit und Unversehrtheit stellt. Dann kommt sie eventuell zu dem Schluß, sich zwar in einer unangenehmen Situation zu befinden, die aber nicht das Ausmaß einer globalen Katastrophe besitzt.

Aus der Praxis: Souverän konfrontieren

Frau Gabler leitet das Baudezernat einer mittelgroßen Gemeinde. Ihre Entscheidungen berühren sensible Bereiche und ihr ist klar, daß ihre öffentlichen Äußerungen genau unter die Lupe genommen werden und Kritik unvermeidlich ist. Vor allem ein Neubauvorhaben in der noch weitgehend mittelalterlichen Altstadt erregt die Gemüter. Mittlerweile hat sich eine Bürgerinitiative gebildet, die alle Pläne besonders kritisch unter die Lupe nimmt. Frau Gabler ist der Ansicht, daß bei den beiden Sprechern eine grundsätzlich konservative Haltung und Profilierungsstreben Hand in Hand gehen. Eine Äußerung von ihr in der letzten Bauausschußsitzung erregte Aufsehen in der örtlichen Presse. Dabei wurde sie aber, wie häufig bei solchen Anlässen, falsch zitiert. Die beiden Vorsteher der Bürgerinitiative, die bei dieser Sitzung nicht zugegen waren, reagierten empört und wandten sich mit einer Erklärung über die Presse an den Oberbürgermeister.

C.E.: Wie sind Sie in diesem Fall vorgegangen?

Frau Gabler: Natürlich war ich als erstes sehr verärgert, über die Presse, aber auch über die Sprecher der Bürgerinitiative. Mit dem Oberbürgermeister habe ich die Möglichkeit einer Gegendarstellung besprochen und entsprechend gehandelt. Der wichtigere Schritt aber war, wie ich es nenne, ein »freundschaftliches Konfrontationsgespräch« mit den Sprechern der Bürgerinitiative. Dieses Vorgehen wähle ich in letzter Zeit vor allem dann, wenn sich andere mir gegenüber nachweisbar unfair oder destruktiv verhalten. Früher konnte ich noch nicht so reagieren. Ich war entweder verärgert und habe andere meinen Ärger spüren lassen oder ich habe aus Unsicherheit nichts gesagt. Heute überlege ich mir, wie ich zum Beispiel Forderungen ruhig und sicher vertrete, oder wie ich Ärger, wie in diesem Fall, angemessen ausdrücke.

C.E.: Wie gehen Sie vor?

Frau Gabler: Ich habe die beiden eingeladen und etwa folgendes gesagt: »Ich bin sehr enttäuscht über ihre Reaktion in der örtlichen Presse. Sie wissen, wie oft die Presse verkürzt oder gar inhaltlich verfälscht Sachverhalte und Äußerungen weitergibt. Deshalb hätte ich erwartet, daß Sie sich, bevor Sie öffentlich reagieren, rückversichern, um zu überprüfen, was ich tatsächlich gesagt habe. Nun möchte ich nicht, daß es wegen diesem Vorfall zwischen uns zu Spannungen kommt. Deshalb habe ich Sie eingeladen, um mit Ihnen die Situation zu besprechen. Ihre Bürgerinitiative und unsere Behörde haben das gleiche Interesse, nämlich eine bürgerfreundliche Stadt, auch wenn wir natürlich immer wieder in verschiedenen Punkten unterschiedlicher Ansicht sind. Ich möchte aber nicht, daß dadurch zwischen uns persönliche Mißstimmungen aufkommen. Ich empfinde Ihren Schritt auch deshalb als schwierig, weil dadurch gegen die Politik meiner Behörde Stimmung gemacht wird, und zwar auf einem Hintergrund von Äußerungen, die gar nicht den Tatsachen entsprechen«.

Für mich ist es wichtig, Kritik so klar und deutlich wie möglich anzusprechen, ohne die andere Seite zu verletzen oder zu beleidigen. Ein Gesichtsverlust der anderen Seite, und daß ist die

Gefahr öffentlicher Konfrontationen, muß dabei unbedingt vermieden werden. Natürlich hätte ich auch die Möglichkeit gehabt, in polemischer Form die Konfrontation fortzuführen und damit die Eskalation anzuheizen. Ich habe mich bewußt dagegen entschieden.

C.E.: Besonders interessant ist Ihr Vorgehen aus kommunikationspsychologischer Sicht. Wir unterscheiden zwischen Inhalts- und Beziehungsebene. Mit Ihrem Vorgehen ist es Ihnen auf der Beziehungsebene gelungen, aus der Defensive herauszutreten und letztlich eine Up-Position aufzubauen. Die Vertreter der Bürgerinitiative sind in die Defensive geraten. Wie ist das Gespräch weitergegangen?

Frau Gabler: Ich habe den beiden angeboten, in kritischen Situationen, bei Fragen oder Kritik doch einfach bei mir anzurufen oder vorbeizukommen. Wir haben vereinbart, daß unsere Behörde unsere Informationspolitik der Bürgerinitiative gegenüber überdenken wird. Zu beachten ist, daß die beiden Vorsteher Opinionleader bei ihrer Bürgerinitiative sind. Sie machen bei der gesamten Bürgerinitiative für oder gegen mich und meine Behörde Stimmung. Es sind also politisch und stimmungsmäßig einflußreiche Multiplikatoren, und sie werden von mir auch entsprechend behandelt.

C.E.: In welchem Zusammenhang steht Ihr Vorgehen mit Self-Coaching?

Frau Gabler: Diese Frage ist sehr einfach zu beantworten. Früher habe ich auf Kritik, wie ich jetzt sehe, zum überwiegenden Teil aus Unsicherheit entweder gar nicht reagiert oder polemisch. Meistens war beides nicht sehr erfolgreich. Mein neues Vorgehen hat insofern mit Self-Coaching zu tun, daß ich nicht nur selbstbewußter geworden bin, sondern auch bewußter und »stärker« auftrete. Früher hätte ich eine solche Situation vielleicht auch um des lieben Friedens willen durchgehen lassen. Aus meiner heutigen Sicht halte ich ein solches Vorgehen für überhaupt nicht angemessen. Natürlich bereite ich mich auf ein solches Gespräch innerlich vor. Self-Coaching ist mir dabei eine große Hilfe. Mit dieser Art des »freundschaftlichen Konfrontierens« habe ich einige gute Erfahrungen gemacht, wenn man sich auch klar darüber sein muß, daß jedes Vorgehen seine Grenzen hat. Das Wichtigste für mich persönlich ist, daß ich mir dadurch selbst besser ins Gesicht sehen kann.

Kommentar: Zwei Schritte sind die Voraussetzung für ein derart klares Vorgehen:

1. Frau Gabler macht sich ihre Emotionen und Kognitionen bewußt.
2. Sie formuliert ihre Kognitionen um und erweitert damit im Vergleich zu früher ihren Handlungsspielraum.

Self-Coaching-Modul 4:
Lösungen konstruieren

In diesem Kapitel lernen Sie den Ausstieg aus einer negativen mentalen Spirale durch Fokussierung auf Lösungsansätze und wie Sie das »lösungsorientierte« Vorgehen für sich nutzen können.

In einer schwierigen Situation sehen die meisten Menschen vor allem nur noch eins: ihr Problem und das, was nicht klappt. Die eigenen Kompetenzen scheinen auf einmal winzig klein und wie weggeblasen zu sein.

Es gehört zu meiner Aufgabe, mit Menschen zu arbeiten, die glauben, in einer schwierigen oder ausweglosen Lage festzustecken. Hin und wieder stelle ich ihnen folgende Aufgabe: »Angenommen, der Rahmen A repräsentiert Ihr Leben. Welchen Anteil nimmt dazu im Vergleich Ihr Problem ein?« Dann zeichnen

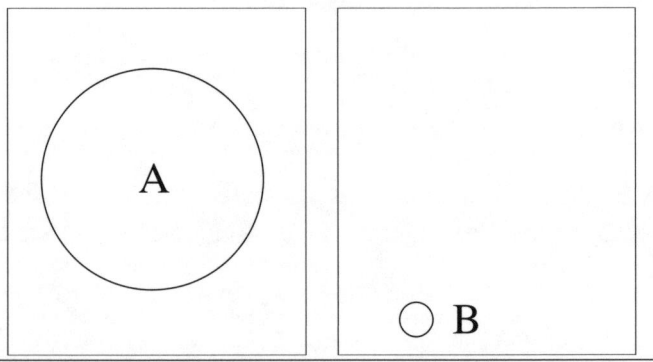

Abbildung 5: Unsere Weltsicht bei extremer (A) und angemessener (B) Problemfokussierung

die meisten Menschen den Kreis A. Das Problem nimmt damit nahezu das ganze Leben ein. Auch Personen, die bereits zahllose kritische Situationen in der Vergangenheit erfolgreich gemeistert haben, verbauen sich durch diese Sichtweise selbst den Zugang zu ihren Ressourcen und Kompetenzen. Wer seine Kompetenzen nicht mehr wahrnehmen kann, dem stehen sie auch nicht mehr zur Verfügung – unabhängig davon wie kompetent er sein mag.

Natürlich hätten diese Menschen ihre aktuelle Situation auch mit dem kleinen Kreis, wie im Bild B dargestellt, aufzeichnen können.

Die entscheidende Frage lautet nun: Wie kommen wir aus dem Kreis A heraus und stattdessen zu einer Sichtweise, die uns den Blick auf unsere vorhandenen Kompetenzen und Fähigkeiten wieder eröffnet?

Den wichtigsten Beitrag zur Beantwortung dieser Frage leistet der lösungsorientierte Ansatz von Steve DeShazer und seinem Team. Er hat im Coaching zu einer Art Revolution geführt (z. B. DeShazer 1989 oder DeJong u. Berg 1998). Die Grundideen seines Ansatzes sind so interessant und gleichzeitig überraschend neu, daß wir uns näher damit befassen wollen.

Das Beeindruckende seines Vorgehens können wir besser verstehen, wenn wir uns kurz vergegenwärtigen, wie Coaching bisher ausgesehen hat. So verschieden die jeweiligen Theorien und das daraus abgeleitete Vorgehen der unterschiedlichen Coaching-Schulen in der Vergangenheit auch war, so hatten sie doch einen gemeinsamen Ausgangspunkt: das Problem des Kunden, das, was schmerzhaft war und in seinem Leben nicht gut funktioniert hat. Das ist auf den ersten Blick einleuchtend, sucht doch der Kunde genau aus diesem Grund einen Fachmann auf.

Von der Problemdiagnostik zur Lösungsorientierung

Der erste Schritt traditionellen Coachings bestand darin, daß sich der Coach ein genaues Bild über das Problem des Kunden machte (Diagnosephase). Zu diesem Zweck stellte er zahlreiche Fragen über alles, was mit dem Problem zusammenhängen konnte. Ein solches Gespräch können wir Problemgespräch nennen, denn die meiste Zeit wird über das Problem gesprochen. Wenn ein Kunde in dieser Phase des Gesprächs zufällig versuchte, über andere

Dinge zu sprechen, zum Beispiel darüber, was er gern macht oder was er kann, lenkte der Coach aktiv das Gespräch wieder auf den Problembereich zurück, da seine Absicht darin bestand, das Problem möglichst genau zu erkunden.

Kritisch ist, daß diese Fragen des Coachs auf den Kunden wie eine Art Einladung wirkten, selbst mehr auf seine Probleme zu achten.

Bereits an dieser Stelle geht der lösungsorientierte Ansatz in eine andere Richtung. Zwar spricht auch der lösungsorientierte Coach mit seinem Kunden über das Problem, aber nur kurz und meist deshalb, weil der Kunden glaubt, er müsse zu Beginn dem Coach ausführlich seine Probleme erzählen. Hier nicht auf den Bericht des Kunden zu hören, würde von diesem nicht verstanden werden und könnte zum Gesprächsabbruch führen.

Nach kurzer Zeit beginnt der lösungsorientierte Coach aber, ganz andere Fragen zu stellen: Was soll in Ihrem Leben anders werden? Woran werden Sie erkennen, daß Sie auf dem richtigen Weg sind? Und wenn der Kunde über sein Problem spricht, fragt DeShazer: Was soll stattdessen in Ihrem Leben anders sein?

Das Gemeinsame dieser Fragen ist, daß sie die Aufmerksamkeit des Kunden vom Problem weg und auf sein Ziel hin fokussieren. Für die Praxis des Gesprächs ist dies ein entscheidender Unterschied. Inhaltlich dreht sich das Gespräch beim gleichen Kunden um etwas völlig anderes. Statt wie früher über das Problem, wird jetzt die meiste Zeit über Ziele und Lösungen gesprochen.

Hat der Kunde einmal eine Vorstellung darüber entwickelt, was er erreichen möchte, oder welche Ziele ihm wichtig sind, lautet die nächste Frage, die konsequent in die gleiche lösungsorientierte Richtung führt: Gab es schon einmal eine Situation, die ähnlich war und in der Sie eine Lösung gefunden haben? Kam so etwas wenigstens schon einmal ansatzweise vor? Gibt es im Rahmen der Situationen, in denen das Problem normalerweise auftritt, ausnahmsweise Situationen, in denen das Problem nicht auftritt?

Achten Sie auf den Unterschied dieses Ansatzes zum »Positiven Denken«: Ausnahmen vom Problem sind bereits durchgeführte Schritte in die richtige Richtung und nicht nur diffuse Vorsatzformeln.

So einfach die Fragen klingen, sie lösen in der Praxis einen Motivationsschub aus, der den Kunden veranlaßt, nach bereits Erreichtem Ausschau zu halten. Diese Motivation ist gut verständlich. Denn lieber denken wir über das nach, was uns bereits

Self-Coaching

gut gelungen ist, als über eine Situation, für die wir uns eingestehen müssen, keinen Ausweg zu sehen.

Jedes Gespräch, ob zu Hause, bei der Arbeit oder unser innerer Dialog, kann auf einem Kontinuum zwischen lösungs- und problemorientiert eingestuft werden. Unsere eigene Haltung entscheidet darüber, in welche Richtung es sich bewegt. So wie der Coach mit dem Kunden spricht, können wir mit anderen oder mit uns selbst mehr in die eine oder in die andere Richtung kommunizieren. Da die Erforschung von Fehlern oder Ursachen meist beschuldigenden Charakter hat, reagieren die Angesprochenen ausweichend oder, meist verdeckt, unkooperativ. Das bringt den lösungsorientierten Dialog zum Stocken. Sobald sich der Dialog aber Zielen oder bereits erreichten Schritten zuwendet, wird Energie und Motivation für weitere Veränderungsschritte eingespeist. Was für interpersonelle Kommunikation gilt, gilt genauso für den inneren Dialog.

Aus der Praxis: Lösungsorientiertes Coaching

Herr Pfaff ist Abteilungsleiter eines mittelgroßen Unternehmens. Sein Ziel war, zusammen mit seinem Coach nach Möglichkeiten Ausschau zu halten, wie er seine Arbeit verbessern könnte. Tatsächlich aber war er durch die Geschäftsleitung unter Druck gesetzt worden, mit einem Coach zusammenzuarbeiten, da die Art und Weise, wie er seine Abteilung leitete, zu Kritik Anlaß gab.

Das Gespräch begann denn auch damit, daß sich Herr Pfaff zunächst über die Geschäftsleitung beschwerte und deren vermeintliche Fehler aufzählte. Wie es für viele zwischenmenschliche Konflikte typisch ist, sah Herr Pfaff die Ursachen der Probleme und Fehlschläge bei anderen, in diesem Fall bei der Geschäftsleitung und seinen Mitarbeitern. Er räumte aber auch ein, daß er seine eigentliche Arbeit nicht richtig erledigen könne, da er durch Anfragen, Telefonate usw. dauernd auf Trab gehalten würde und die meiste Zeit mit »Feuerwehrübungen« zubringen müsse. Unter »Feuerwehrübungen« verstand er eine Art Überwachung seiner Mitarbeiter, denen er nicht so recht trauen könne.

Zu diesem Zeitpunkt deutet sich an, daß Herr Pfaff etwas ändern möchte, nämlich weniger »Feuerwehrübungen« durchführen, ohne daß seine Ziele klar definiert waren.

Coach: Lassen Sie uns einmal so tun, als ginge es in Ihrer Abteilung bereits jetzt schon ein wenig in die richtige Richtung. Was würden Sie denn dann statt Feuerwehrübungen anders machen?

Kommentar: Die Frage: »Was würden Sie stattdessen anders machen?« ist eine Schlüsselfrage des lösungsorientierten Ansatzes, da sie vom Problem weg zu einer Zielsuche hinsteuert. Zu diesem Zeitpunkt hat Herr Pfaffs Coach absichtlich eine »Stattdessen«-Frage gestellt. Seine Absicht dabei war, das Gespräch möglichst frühzeitig auf die Suche nach Zielen zu richten. Er hätte sich natürlich auch dafür entscheiden können, mit Herrn Pfaff weiter darüber zu sprechen, was in der Abteilung nicht klappt, oder darüber, was die anderen alles falsch machen. Aus Sicht des lösungsorientierten Ansatzes ist dies jedoch eher kontraproduktiv, weil dadurch eventuell unbewußt suggeriert wird, die Probleme seien unlösbar oder zumindest nicht von Herrn Pfaff zu beeinflussen.

Herr Pfaff: Ich würde mich mehr mit dem beschäftigen können, was meine eigentliche Aufgabe ist.

Coach: Wenn Sie mehr Ihrer eigentlichen Aufgabe nachgehen, was machen Sie dann?

Herr Pfaff: Oh, das wäre eine Menge.

Kommentar: Wie Herr Pfaff bleiben die meisten Kunden zu Beginn der Zielsuche zunächst vage. Dies ist kongruent zu seiner problemorientierten Haltung, die eine genaue Zielformulierung zunächst noch nicht ermöglicht. Herr Pfaff läßt sich aber auf die Frage ein und scheint eine gewisse Vorstellung von seinen eigentlichen Aufgaben zu entwickeln. Die Aufgabe des Coachs besteht jetzt darin, Herrn Pfaff dabei zu unterstützen, seine Ziele klarer beschreiben zu können. Damit gewinnen sie für ihn an Kontur und werden eher erreichbar.

Coach: Das ist interessant. Was wäre denn das genau?

Herr Pfaff: Wir müssen in unserer Abteilung unsere Arbeitsabläufe neu organisieren. Auch das Klima ist nicht ganz so wie es sein sollte.

Kommentar: Hat Herr Pfaff jetzt zwei Probleme oder zwei Ziele genannt? Diese Unterscheidung ist nicht nur von theoretischem

Interesse, sondern hat erhebliche Auswirkungen auf die Praxis. Herr Pfaffs Coach könnte mit ihm zum Beispiel darüber sprechen, was am Klima oder anderen Arbeitsabläufen nicht stimmt. Damit wäre der Fokus wieder auf Probleme gerichtet und es ergäbe sich sofort ein Problemgespräch. Wie Sie sehen, treten im Verlauf jedes lösungsorientierten Gesprächs zahlreiche Aspekte auf, die dazu einladen, über Probleme zu sprechen. Der Coach entscheidet sich deshalb für ein anderes Vorgehen.

Coach: Wenn ich Sie richtig verstanden habe, sind das zwei Bereiche: 1. die Neuorganisation der Arbeitsabläufe und 2. das Klima in der Abteilung.
Herr Pfaff: So ist es.

Kommentar: »Meinen eigentlichen Aufgaben nachgehen« ist jetzt genauer definiert. Wir haben eine Vorstellung davon, was Herr Pfaff meint. Die Ziele sind weiter unterteilbar und können weiter konkretisiert werden. Der Coach arrangiert das Gespräch so, daß es an erster Stelle bei Herrn Pfaff liegt, welche Veränderungen er vornehmen möchte. Das ist beabsichtigt. Denn erstens unterstützt der Coach damit Herrn Pfaffs Veränderungsmotivation und zweitens liegt es bei Herrn Pfaff, seine Ziele später in der Praxis zu realisieren.

Coach: Was von beiden ist Ihnen denn wichtiger?
Herr Pfaff: Eigentlich die Neuorganisation der Arbeitsabläufe.
Coach: Einmal angenommen, Sie würden an der Neuorganisation der Arbeitsabläufe arbeiten. Was würden Sie dann machen?
Herr Pfaff: Ich muß mir einmal selbst überlegen, wie das aussehen könnte und natürlich auch mit meinen Mitarbeitern darüber sprechen.
Coach: Gab es in der Vergangenheit schon einmal Zeiten, in denen Sie sich ein bißchen mit Ihrer eigentlichen Aufgabe, nämlich der Neuorganisation der Arbeitsabläufe beschäftigt haben?
Herr Pfaff: Eigentlich nicht groß.
Coach: Stellen Sie sich einmal eine Skala vor, von 0 bis 10. 0 bedeutet, ich habe mich überhaupt nicht um diese Aufgabe gekümmert, 10 bedeutet, ich habe es zu 100 % getan, wie es aber in der Realität im Prinzip nie vorkommt. Heute ist Donnerstag. Können wir einmal die Tage dieser Woche durchgehen, und Sie

überlegen sich bitte, welchen Wert sie jedem Tag geben. Lassen sie sich bitte Zeit für diese Aufgabe.

Herr Pfaff: Also Dienstag und Mittwoch war es schlecht, ich gebe 1,5. Am Montag war es vielleicht 2–3 und heute etwa 3.

Kommentar: Eine bemerkenswerte Antwort. Hat doch Herr Pfaff in der vorigen Sequenz noch geäußert, er würde sich »eigentlich nicht groß« der Neuorganisation der Arbeitsabläufe widmen können. Die Einführung der Skala führte zu einer Reihe von Tagen, bei denen sich Herr Pfaff kein einziges Mal den Wert 0 gab. Wir wissen jetzt: Es gibt schon Zeiten, in denen es ein klein wenig in die richtige Richtung geht! Und Herr Pfaff gibt bereits zu diesem Zeitpunkt relativ hohe Werte an, sogar bis 3. Antworten mit Werten von 2–3 sind im lösungsorientierten Coaching sehr häufig. Die Aufgabe des Coachs besteht in der Folge im Prinzip nur noch darin, Herrn Pfaff bei seiner Suche, wie ihm dies gelungen ist, zu unterstützen. Auch keine leichte Aufgabe, aber wir haben in diesem Gespräch bereits sehr viel erreicht. Herr Pfaff hat ein Ziel formuliert und er hat Zeiten gefunden, in denen es schon ein bißchen in Richtung Ziel geht. Noch weiß er aber nicht, wie er dies erreicht hat.

Coach: Stellen Sie sich bitte einmal den heutigen Tag vor. Ich frage mich nämlich gerade, wie Sie es geschafft haben, heute auf 3 zu kommen? Wie erklären Sie sich, daß Sie bereits ein Drittel Ihres Wegs allein zurückgelegt haben?

Herr Pfaff reagiert erstaunt und sagt: Ich hab keine Ahnung.

Kommentar: Wieder gibt Herr Pfaff eine häufig zu hörende Antwort. Sicher ist ihm zu diesem Zeitpunkt des Gesprächs nicht klar, was er bereits getan hat, um eine Verbesserung zu erreichen. Auch sein Erstaunen ist nicht überraschend. Es rührt daher, daß die Frage des Coachs impliziert, er könne einen eigenen Beitrag in die richtige Richtung leisten. Und dieser Gedanke ist für ihn neu. Herr Pfaff hat sich, wie häufig üblich, eher als Opfer widriger Umstände gesehen, denn als Handelnder, der selbst Einfluß nehmen kann. Damit endet dieses erste Gespräch. Sein Coach vereinbart mit ihm noch eine lösungsorientierte Hausaufgabe.

Coach: Damit wir einen besseren Überblick über Ihre aktuelle Situation bekommen, möchte ich Sie darum bitten, bis zum näch-

Self-Coaching

sten Mal folgendes zu tun: Führen Sie eine Liste zum Thema Neuorganisation der Arbeitsabläufe. Tragen Sie pro Tag den Wert ein, den Sie sich selbst dafür geben, wie weit es Ihnen gelungen ist, an diesem Ziel zu arbeiten. Wenn Sie einen Wert, der besser als 2 ist, erreicht haben, überlegen Sie bitte, warum dies so ist. Notieren Sie in diesem Fall mindestens 3 Punkte. Falls Ihnen mehr Punkte einfallen sollten, notieren Sie bitte auch diese Punkte.

Kommentar: Wenn Herr Pfaff am nächsten Tag in sein Büro kommt, wird er nach diesem Gespräch mehr auf Ausnahmen achten und darauf, was er bereits in die richtige Richtung unternimmt. Vor diesem Gespräch war das noch anders. Wir wissen nicht genau, auf was Herr Pfaff bisher geachtet hat. Vermutlich waren es aber die unvermeidbaren Fehler und Pannen, die immer wieder auftauchen.

Die Zeit bis zum nächsten Gespräch zeigte insgesamt eine Verbesserung, auch wenn sich Herr Pfaff manchmal noch schlechte Noten gab. Er begann, über die Neuorganisation der Arbeitsabläufe seiner Abteilung nachzudenken. Er reservierte sich Zeiten, um Gespräche mit seinen Mitarbeitern zu führen. Er hat die Idee, als nächstes eine Arbeitsgruppe zu bilden, die die anstehende Aufgabe bearbeitet. Er selbst wird in der Arbeitsgruppe mitarbeiten.

Nachdem die Neuorganisation der Arbeitsabläufe geklärt war, wurde die Arbeit mit Herrn Pfaff beendet. Herr Pfaff war der Ansicht, das Betriebsklima innerhalb der Abteilung habe sich durch die gute Form der Zusammenarbeit, die bei der Neuorganisation der Arbeitsabläufe erzielt wurde, bereits verbessert. Er möchte aber in nächster Zeit eine anonyme Mitarbeiterbefragung zum Thema Betriebsklima durchführen. Danach wird er entscheiden, ob er weiterhin das Angebot, mit einem Coach zusammenzuarbeiten, in Anspruch nehmen will.

Die Prinzipien des lösungsorientierten Ansatzes:

1. Jeder trägt sein eigenes Lösungspotential bereits in sich, aber es steht einem nicht immer zur Verfügung. Anders gesagt: Jeder ist Experte zur Konstruktion eigener Lösungen.
2. Nicht erkannte Ausnahmen vom Problem oder kleinste Schritte

in die richtige Richtung stellen den Beginn des Lösungswegs dar.

3. Problem und Ziel sind wie die zwei Seiten einer Medaille. Jeder hat die Wahl, seine Konzentration auf die eine oder auf die andere Seite zu richten.

So gehen Sie vor:

1. Beschreiben Sie eine aktuell schwierige Situation, bei der Sie das Gefühl haben, festzustecken.
2. Stufen Sie sich auf einer zehnstufigen Skala ein, wo Sie sich heute in bezug auf diese Situation sehen. 10 bedeutet, das Ziel zu 100 % zu erreichen, was nie der Fall ist. 0 bedeutet den absoluten Tiefststand, den Sie jemals in bezug auf diese Situation erreicht haben. Notieren Sie, wo Sie heute stehen.
3. Überlegen Sie: Woran kann ich erkennen, daß es in die richtige Richtung geht? Beschreiben Sie es so konkret wie möglich? Formulieren Sie, was genau besser sein wird, und nicht nur »dann ist alles besser«.
4. Selbst dann, wenn Sie nur eine minimale oder unbedeutend erscheinende Verbesserung in Richtung Ziel festgestellt haben, überlegen Sie:
   - Wie kam es dazu?
   - Gibt es Ausnahmen vom Problem, also Situationen in denen es Ihnen gelungen ist, bereits ein kleines bißchen gegenzusteuern?
   - Wie ist Ihnen das gelungen?
   - Suchen Sie kleinste Schritte, die Sie bereits in die richtige Richtung unternommen haben.
   - Was müssen Sie tun, um einen kleinen Schritt in die richtige Richtung zu wiederholen?
5. Nachdem Sie das nächste Mal wieder in dieser Situation waren, ziehen Sie Bilanz:
   - Stufen Sie sich auf Ihrer zehnstufigen Skala ein.
   - Gehen Sie die Fragen von Schritt 3 durch.
6. Wiederholen sie die Schritte 4 und 5, bis Sie ein befriedigendes Ergebnis erzielt haben.

Typische Hindernisse bei dieser Übung sind:

Self-Coaching

- Schritte, die in die richtige Richtung gehen, werden nicht als solche erkannt.
- Die Ziele sind zu hoch gesetzt.

Aus der Praxis: Lösungsorientierung in der persönlichen Bilanz

Eine der häufigsten Formen des Selbstgesprächs ist die persönliche Bilanz. Sie hängt erstens ab von der Differenz zwischen eigenem Anspruch und dem durch unser Handeln erzielten Ergebnis und zweitens davon, wie wir diese Differenz kommentieren. Wie das berühmte Wasserglas von Paul Watzlawick als halbleer oder als halbvoll angesehen werden kann, können wir uns einreden, eher versagt oder bereits einen Teil des Wegs zurückgelegt zu haben. Bilanzen betreffen alle für uns wichtigen Bereiche, sei das nun beim Flirten, beim Sport oder die bei unserer Arbeit erzielten Ergebnisse.

Warum sollen wir die Art und Weise, wie wir bilanzieren, nicht dem Zufall überlassen?

Eine Bilanz soll, selbst wenn ihr Resultat negativ ausfällt, Energie und Motivation liefern, damit wir den nächsten Schritt in Angriff nehmen, der nötig ist, um unser Ziel zu erreichen. Andernfalls lähmen wir uns in unserer Entwicklung. Dafür ist die Art und Weise wie wir kommentieren entscheidend.

Frau Palm ist persönliche Referentin des Oberbürgermeisters einer mittelgroßen Stadt.

C.E.: Können Sie über Ihre Erfahrungen mit Lösungsorientierung berichten?

Frau Palm: Ich arbeite jetzt seit gut drei Jahren regelmäßig mit der lösungsorientierten Sichtweise. Früher war ich allerdings, so würde ich mal sagen, eher fehler- und mißerfolgsorientiert.

C.E.: Können Sie das näher beschreiben?

Frau Palm: Das ist relativ einfach. Mir war einfach nie etwas recht. Ich sah immer etwas, was nicht o.k. war, und das stand im Zentrum meiner Aufmerksamkeit.

C.E.: Welche Auswirkungen hatte diese Sichtweise auf Ihr Leben und Ihre Arbeit?

Frau Palm: Ich war meist unzufrieden, auch in meinem Privatleben. Ich kritisierte nicht nur andere, sondern mich selbst. »Das war aber nicht viel« war ein Standardsatz, mit dem ich mich selbst kommentierte. Ich hab mich auch nie gelobt oder darauf geachtet, wie ich mit mir umgegangen bin. So wie ich mich behandelt habe, habe ich auch meine Mitarbeiter behandelt. Sobald ich einen Anlaß fand, was ziemlich häufig vorkam, gab ich meiner Unzufriedenheit sehr deutlich Ausdruck.

C.E.: Das war für Sie eine schwierige Zeit?

Frau Palm: Ich war damals häufig krank und heute führe ich das auf den strengen Umgang mit mir zurück. Als mein Hausarzt mir vorgeschlagen hat, es mit Entspannung zu versuchen, war ich natürlich innerlich empört. Sollte das etwa heißen, mit mir stimmt etwas nicht? Dem psychologischen Bereich gegenüber war ich nicht so aufgeschlossen.

C.E.: Welche Erfahrungen haben Sie dann gemacht?

Frau Palm: Ich habe einen Entspannungstrainer getroffen, bei dem ich mich gut entspannen konnte, und das war schon wichtig. Das Üben allein zu Hause war schwieriger.

Kommentar: Frau Palm berichtet von einer Erfahrung, die viele Menschen zu Beginn des Entspannungstrainings machen. Vor allem, wer sich schnell verspannt, und dies scheint bei Frau Palm der Fall zu sein, braucht länger, um umzulernen.

Frau Palm: Mein Trainer hat mir dann eine Entspannungskassette mitgegeben, was mir das Üben erleichtert hat. Später wurde ich dann neugierig auf das Training im mentalen Bereich.

C.E.: Sie haben sich zu Beginn unseres Gesprächs selbstkritisch gesehen. Wie kamen Sie zu dieser Erkenntnis über sich?

Frau Palm: Schon das Entspannungstraining hat mir klar gemacht, daß ich eigentlich streng mit mir umgehe. Denn dadurch habe ich die Diskrepanz zwischen »gut mit sich umgehen«, »gelassen sein« und »loslassen können« und »streng mit sich umgehen« erlebt.

C.E.: Haben Sie dann versucht gegenzusteuern?

Frau Palm: Ja, und dabei habe ich erst schlechte Erfahrungen gemacht. Anfänglich hab ich mir gesagt »jetzt verspann dich nicht so« und »nicht einmal bei der Arbeit kannst du dich gut entspannen«, in eher strengem Ton, wie ich heute weiß. Das hat natürlich nicht geklappt und war eine herbe Enttäuschung.

Self-Coaching

Kommentar: Frau Palm hat noch keine positive Zielformulierung oder Vorstellung darüber, wie sie sein könnte. Deutlich ist erkennbar, wie sie ihre Aufmerksamkeit auf das richtet, was nicht klappt. Sie setzt sich damit ungewollt wieder genauso unter Druck wie vorher und hat an ihrem ungeduldigen und fordernden Umgang mit sich selbst noch wenig geändert.

C.E.: Wie sind Sie vorgegangen und was haben Sie genau unternommen?

Frau Palm: Sobald ich bemerkte, daß ich mir eine schlechte Note gab, sagte ich: »Aha, du bist gerade wieder dabei dir eine schlechte Note zu geben. Stop, mach einmal langsam und schau erst einmal, ob du wirklich nichts erreicht hast oder ob dir vielleicht doch ein kleiner Schritt in die richtige Richtung gelungen ist.«

C.E.: Haben Sie noch mehr unternommen?

Frau Palm: Ich setze mir Schwerpunkte. Inhaltlich war das zum Beispiel mein Umgang mit der Presse, die Verbesserung meines Kontaktes zu den einzelnen Ressorts, zu lernen, mich besser auf andere einzustellen und eine offenere Kommunikation mit meinem Chef zu finden. Heute mache ich das immer noch so. Zuerst überlege ich mir genau, was mein Ziel ist. Alle ein bis zwei Wochen stufe ich mich daraufhin ein, wieweit ich gekommen bin. Einmal pro Woche führe ich für circa fünfzehn Minuten eine eingehendere Analyse durch. Sie ist inzwischen zu etwas ganz Besonderem für mich geworden. Natürlich spare ich dabei nicht an Komplimenten für mich und analysiere genau, wieweit ich in Richtung Ziel gekommen bin. Dabei habe ich gelernt, geduldiger mit mir zu werden. Die lösungsorientierte Sichtweise ist zu einem festen Bestandteil meines Denkens geworden und hat sich auf andere Bereiche meines Lebens ausgedehnt.

Aus der Praxis: Lösungsorientierung als Führungsinstrument

Herr Karl leitet ein Unternehmen mit etwa 20 Mitarbeitern. Er berichtet, was für ihn Lösungsorientierung bedeutet.

Herr Karl: Das lösungsorientierte Vorgehen hat mich vom ersten Moment an überzeugt. Ich habe sofort darüber nachgedacht, wie ich diesen Ansatz in meinem Unternehmen umsetzten könnte. Heute ist Lösungsorientierung aus unserem Betrieb nicht mehr wegzudenken. Alle Probleme, seien sie nun eher sachlich oder eher menschlich, gehen wir nach diesem Prinzip an.

C.E.: Können Sie Beispiele nennen, wie das bei Ihnen im Betrieb aussieht?

Herr Karl: Zur Zeit arbeiten wir an einem großen Auftrag, der von allen viel abverlangt. Wir können das nur machen, weil alle mehr als das Übliche geben. Wir haben an einem gut sichtbaren Platz ein Diagramm aufgehängt, das zeigt, welche Aufgaben wir für diesen Auftrag erledigen müssen. Jede Woche tragen wir dort ein, was wir bereits erreicht haben. Überhaupt arbeiten fast alle unsere Mitarbeiter inzwischen nach diesem Prinzip. Bei vielen hängen Grafiken im Büro, auf denen zu sehen ist, wie weit die einzelnen Mitarbeiter bestimmte Ziele bereits erreicht haben. Als Symbol für Lösungsorientierung haben wir eine Münze prägen lassen. Sie zeigt auf der einen Seite ein von uns erdachtes Symbol für Fehlerorientierung und auf der anderen Seite ein Symbol für Lösungsorientierung. Diese Münze hängt deutlich sichtbar in unserem Besprechungszimmer. Sobald während einer Besprechung ein Teilnehmer das Gefühl hat, unser Gespräch verläuft zu stark fehlerorientiert, dreht er die Münze auf die entsprechende Seite. Am Anfang hat das einen enormen Effekt gehabt. Mittlerweile hat sich lösungsorientiertes Arbeiten bei uns weitgehend automatisiert, so daß wir die Münze heute weniger brauchen. Mich hat sehr beeindruckt, daß unsere Besprechungen dadurch viel kürzer und effektiver geworden sind. Und die Zufriedenheit der Mitarbeiter ist angestiegen, wie wir anonym erfragt haben.

C.E.: Trotz Lösungsorientierung gibt es immer wieder kritische Punkte im Unternehmen oder beim einzelnen, die angesprochen werden müssen. Wie gehen Sie damit um?

Herr Karl: Lösungsorientierung hat es mir gerade erleichtert, kritische Dinge anzusprechen. Denn ich gehe jetzt konsequent davon aus, daß meine Mitarbeiter in der Lage sind, selbst Lösungen oder Verbesserungen für die vorhandenen Probleme oder Schwachstellen zu finden, was auch tatsächlich so ist. Lösungsorientierung heißt für mich sicher nicht zu allem ›gut,

gut, gut‹ zu sagen. Im Gegenteil: Ich spreche sogar viel schneller kritische Punkte an als früher. Früher war ich zurückhaltender, weil ich nicht immer nur kritisieren wollte.

C.E.: Hat sich dadurch nicht auch Ihr Selbstverständnis als Führungskraft verändert?

Herr Karl: Ein sehr wichtiger Punkt. Die neue Sichtweise verschafft mir eine starke Erleichterung. Wenn früher ein Problem auftauchte, dachte ich immer, ich sei allein verantwortlich dafür, eine Lösung zu finden. Diese Denkweise hatte eine Reihe negativer Auswirkungen:

– Ich habe mich unter Druck gesetzt, eine Lösung zu finden und war entsprechend belastet. Das hat mich viel Zeit, Energie und nicht zuletzt Nerven gekostet.

– Oft haben mir wichtige zur Lösung notwendige Informationen gefehlt, sei es, weil das Problem von meinem persönlichen Erfahrungsbereich weiter entfernt war, sei es, daß mir Mitarbeiter bewußt oder unbewußt wichtige Informationen vorenthielten.

– Aus meiner Sicht gute Vorschläge haben oft keine große Zustimmung gefunden, sobald die Mitarbeiter das Gefühl hatten, in irgendeiner Weise bevormundet oder abgewertet zu werden, obschon mir das natürlich immer fern lag. Natürlich haben sie sie angenommen, aber nicht aus Überzeugung, sondern weil der Chef es verlangt hat. Ganz besonders schwierig war es dann, wenn es aufgrund meines Vorschlags immer noch nicht geklappt hat. Denn das hieß, daß entweder mein Vorschlag schlecht war, oder ich annehmen mußte, einen relativ unfähigen Mitarbeiter zu haben.

Lösungsorientierung heißt für mich, meine Mitarbeiter als Experten zu sehen, die selbst dazu in der Lage sind, Wege zur Lösung eines Problems zu finden.

Self-Coachung-Modul 5:
Innere Handlungsanleitung
durch posthypnotische Aufträge

> In diesem Kapitel lernen Sie das Wichtigste über Hypnose und die Kraft, posthypnotischer Aufträge für sich zu nutzen.

Posthypnotische Aufträge sind Anweisungen, die wir uns in entspanntem Zustand selbst geben, um gewünschte Emotionen, Kognitionen oder Verhalten im Wachzustand zu unterstützen. Diese Technik stammt ursprünglich aus der Hypnosetherapie. Wir machen deshalb einen Exkurs über Hypnose, über die damit verbundenen Vorurteile und über gesicherte Erkenntnisse, die zu deren Wirkmechanismen vorliegen.

Aus der Forschung: Hypnose und Hypnoseforschung

Einer der führenden deutschsprachigen Hypnoseforscher ist Hans-Christian Kossak. Die folgenden Gedanken und Zitate stammen aus seinem »Hypnose«-Beitrag aus dem »Handbuch der Entspannungsverfahren« von Dieter Vaitl und Franz Petermann (2000).

Die Vorstellungen über Hypnose sind geprägt vom Hokuspokus der Bühnen- und TV-Hypnotiseure, die den Willen und die Gedanken eines vermeintlich hilflosen Opfers anscheinend fremdsteuern können. Es ist aber eindeutig »experimentell belegt, daß niemand gegen seinen Willen hypnotisiert werden kann und niemand in Hypnose etwas tut, was gegen seine sonstige Moral verstoßen« würde. »Anstiftung zu kriminellen Handlungen unter Hypnose ist also nicht möglich ... Ebenso kann niemand mittels Hypnose einer anderen Person seinen Willen aufzwingen.« Man ist also in Hypnose nicht so weit »weggetreten«, daß man nicht mehr weiß, was man tut.

Zahlreiche für den Zuschauer faszinierende Effekte, wenn nicht sogar der Großteil der Show, beruhen auf reinen Tricks, die in keinerlei Zusammenhang mit Hypnose stehen. Die »kataleptische Brücke«, bei der eine Person »starr wie ein Brett« an Nacken und Unterschenkeln auf Stuhllehnen plaziert wird, ist von fast allen Personen auch ohne Hypnose in gleicher Weise produzierbar, sie darf nur nicht länger als zwei oder drei Minuten dauern. Auch das scheinbar gefährliche Liegen auf einem Nagelbrett oder auf Glasscherben ist von jeder Person ohne jegliche »hypnotische« Vorbereitung schmerz- und gefahrlos zu absolvieren, sie muß sich nur dazu überwinden. Selbst wenn dann noch eine andere Person auf dem Brustkorb der Demonstrationsperson steht, verteilt sich der Druck auf die zahlreichen Auflagepunkte so gleichmäßig, daß er für diese kurze Zeit schmerzfrei auszuhalten ist.

Da dies alles äußerst spektakulär aussieht, glaubt der Laie kaum, daß er ebenfalls dazu in der Lage wäre – ohne ein irgendwie »verändertes Bewußtsein«.

Diese Hypnose-Shows erweisen diesem Verfahren, das in den USA von der American Medical Association bereits 1961 als wissenschaftliches Heilverfahren anerkannt wurde und dort breite Akzeptanz erfährt, keinen guten Dienst. So bestehen vor allem in Deutschland erhebliche Widerstände gegenüber einer realistischen Auseinandersetzung mit Hypnose.

Für uns ist das Verfahren deshalb interessant, weil viele Parallelen zwischen Entspannung, Hypnose und Self-Coaching bestehen. Wie diese genau aussehen wird deutlich, wenn wir die Wirkmechanismen von Hypnose kennenlernen.

Suggestibilität – das Pendelexperiment

Dirk Revenstorf und Reinhold Zeyer sind international anerkannte Hypnoseforscher. In ihrem Buch »Hypnose lernen« (1997) befaßt sich eine Beitrag mit Suggestibilität, der für uns deshalb interessant ist, weil er den Nebel, der Pendelexperimente umgibt, auf eine einfach zu erklärende Basis reduziert. Dabei spielt der Begriff Suggestibilität eine Schlüsselrolle. Wir unterscheiden uns im Ausmaß unserer Suggestibilität, das heißt in der Fähigkeit

»sich ganz in eine Tätigkeit oder Vorstellung zu versenken. Wir unterscheiden uns auch in der Bereitschaft, auf Suggestionen zu reagieren, die von außen an uns herangetragen werden, etwa durch einen Redner oder bei einer hypnotischen Suggestion. Beides zusammen nennt man Suggestibilität« (Revenstorf u. Zeyer 1997, S. 29).

Beim berühmten Pendelexperiment sind keine übersinnlichen Kräfte am Werk, sondern hier zeigt sich einfach nur, welche Rolle Suggestibilität spielen kann, wie Sie selbst überprüfen können. Wie Sie dabei am besten vorgehen beschreibt Revenstorf.

Am besten führen Sie dieses Experiment mit einem Freund oder Bekannten durch. Nicht so gut eignen sich Familienangehörige, vor allem, wenn sie glauben, daß sie heimlich beeinflußt werden sollen und sich dagegen wehren.

»Setzen Sie sich einander gegenüber. Person A nimmt das Pendel zwischen Daumen und Zeigefinger (ein Schmuckstück an einer Kette oder ein Schlüssel an einem Zwirnsfaden). Der Ellenbogen soll dabei bequem auf einer Unterlage ruhen – dem Knie oder der Sessellehne. Sie hält den Faden oder die Kette vollkommen ruhig. Das Pendel macht noch ein paar ausschwingende Bewegungen. Person B beschreibt laut die Bewegungen des Pendels in den Händen von Person A, die ja beide beobachten können. Zum Beispiel sagt Person B mehrmals: ›Das Pendel schlägt hin und her, nach rechts, nach links‹ usw.

Dann suggeriert Person B, die Pendelbewegung ginge allmählich in eine flache Ellipse über, erst kaum sichtbar, dann immer deutlicher. Häufig führt das Pendel zur Verblüffung beider die suggerierte Ellipse aus, obwohl Person A keine sichtbaren Bewegungen mit ihren Fingern ausübt. Person B kann dann fortfahren, aus der Ellipse einen Kreis werden zu lassen, der größer oder kleiner wird usw.

Wenn es funktioniert, liegt es daran, daß sich Person A das vorstellt, was Person B sagt. Diese Vorstellung setzt sich unbewußt in ganz feine Muskelbewegungen der Finger um, die man nicht sehen kann. Daß dies keine Magie ist, zeigt sich daran, daß der Effekt ausbleibt, wenn sich Person A etwas anderes vorstellt, als B sagt. Die Suggestion von B wirkt, weil A sie übernimmt und in eine bildhafte Vorstellung umsetzt, die im Körper unterschwellig entsprechende Bewegungen auslöst. Die Fremdsuggestion wird damit zur Autosuggestion. Dies ist das Prinzip jeder Suggestion oder Hypnose. Aus diesem Grund können wir uns ohne eine außenstehende Person selbst in Entspannung oder Hypnose versetzen« (Revenstorf u. Zeyer 1997, S. 30).

Self-Coaching

Durchführung von Hypnose

In der Regel beginnt die Hypnosebehandlung mit einer ausführlichen Information des Klienten. Dies vor allem deshalb, um durch Falschinformation entstandene Vorurteile diesem Verfahren gegenüber abzubauen.

Die Induktions- oder Einführungstechniken »sind darauf ausgerichtet, eine Aufmerksamkeitseinengung zu bewirken. Typisch ist z. B. die Fixation der Augen auf einen Punkt ... Hierdurch wird das wahrzunehmende Umfeld eingeengt, die Ablenkung verringert und der Patient kann sich immer mehr auf die Stimme des Therapeuten konzentrieren.« Die monotone Sprache des Therapeuten hat einen entspannenden Effekt.

Durch die lange Augenfixation treten gewöhnlich rein physiologisch bedingte Ermüdungserscheinungen auf (z. B. Augenröte oder Lidflattern), deren Erscheinungsform und Auftretenszeitpunkt der Therapeut kennt. Wenn er während seiner Suggestionen den Patienten genau beobachtet, so wird er die Anzeichen für diese Veränderungen sofort erkennen und zurückmelden. Da der Patient diese Ermüdungserscheinungen selbst erst etwas später oder in anderer Form wahrnimmt, entsteht bei ihm nun der Eindruck, der Therapeut habe ihm diese Verhaltensweisen suggeriert.

Die Suggestion ist also nicht die Macht des Therapeuten, sondern lediglich sein Feedback über die beim Patienten ablaufenden Prozesse. Das bedeutet, daß Hypnose ein interaktiver Prozeß ist, der die Kooperation beider Partner erfordert.

Beispiel für eine Induktion nach der Augenfixationsmethode

»Sie sitzen ganz entspannt und ruhig ... und beobachten nun einen kleinen Punkt vor ihnen auf dem Tisch, ... ja, vielleicht den Punkt auf dem Zettel dort drüben ... schauen ihn weiterhin ruhig an ... nach einiger Zeit bemerken sie dann, wie dieser kleine Punkt für Sie stärker hervortritt, während alles ringsum immer blasser und unschärfer wird, immer mehr wie durch Nebel zu sehen ist ... Dabei bemerken Sie, wie Ihre Augenlider immer schwerer und schwerer werden, ihre Augen zu brennen anfangen ... und es Sie richtig Mühe kostet, die Augen offen zu halten ... bis zu dem Punkt, wo Sie merken, daß die Augen ganz von allein zufallen ... usw.«

In der nun einsetzenden Entspannungsphase werden bei der therapeutischen Anwendung meist Ruhebilder eingesetzt. Es sind angenehme und beruhigende Szenen aus dem Erfahrungsbereich des Patienten, die dazu dienen, seine Entspannung zu vertiefen, seine »Ja-Haltung« und damit seine Kooperation weiter zu fördern. Meist werden als Ruhebilder Urlaubsszenen vom Meeresstrand oder vom Waldspaziergang gewählt. Hier lassen sich dann alle nur denkbaren Erlebnis- und Wahrnehmungsqualitäten einführen:

»Sie befinden sich an Ihrem Strand am Mittelmeer. Die Sonne scheint angenehm warm auf Ihr Gesicht; Sie spüren deutlich die angenehme Wärme auf Ihrer Haut und genießen sie. Dabei weht ein ganz leichter Wind, der angenehm über die Arme und Haare streicht und den Sie als leichtes Kitzeln bemerken . . . Dabei hören Sie ganz deutlich das Auf und Ab der Wellen, hören wie sie kommen und gehen. Wie Sie so am Strand liegen, riechen Sie auch deutlich die salzige Luft, schmecken auf Ihren Lippen den leichten Salzgeschmack . . .«

Wie Sie sehen, ist die Einleitung für eine Entspannung oder eine Hypnose sehr ähnlich. Entsprechend ähnlich sind die Auswirkungen auf unseren Organismus und unsere Psyche. Die Effekte sind in der Regel dann größer, wenn wir durch eine außenstehende Person in Entspannung oder Hypnose versetzt werden, als wenn wir dies selbst vornehmen. Denn dann muß ein Teil unseres Bewußtseins aktiv und wach bleiben, um dies leisten zu können. Deshalb die Empfehlung, Kassetten zu verwenden. So gesehen sind Self-Coaching-Techniken in Kombination mit Entspannung eine Form der Selbsthypnose und können in ihrer Wirksamkeit als ähnlich effektiv wie Hypnose angesehen werden.

Hypnose wird mit nachgewiesenermaßen positivem Effekt zur Therapie beziehungsweise zur unterstützenden Therapie bei folgenden Krankheitsbildern eingesetzt:

• bei internistischen Erkrankungen wie Herzrhythmusstörungen oder Colitis ulcerosa,
• bei allergischen und dermatologischen Erkrankungen wie Asthma, Heuschnupfen, Neurodermitis, Psoriasis oder Verbrennungen,
• bei onkologischen Erkrankungen zur Unterstützung von chirurgischen Eingriffen oder Chemotherapie,
• in der Gynäkologie,

- in der Schmerzbehandlung (zum Beispiel bei Migräne),
- in der Chirurgie und Anästhesie.

Beispiele für den Einsatz posthypnotischer Aufträge

Herr Schnieder, den Sie aus dem Beispiel in der Einleitung zu diesem Buch kennen, konstruierte im Lauf der Zeit folgende posthypnotische Aufträge:

- Ich bestimme meinen Kurs.
- Ich segle hart am Wind.
- Ich halte Kurs trotz Gegenwind.
- Wenn ich merke, ich könnte mich in eine fruchtlose Diskussion verstricken, atme ich dreimal tief durch und sage zu mir selbst: Gerade im Sturm behalte ich kühlen Kopf.

Weitere Beispiele für posthypnotische Aufträge

Zur Beruhigung bei Streß und Hektik:

- Ich erledige eine Aufgabe nach der anderen.
- Ich komme Schritt für Schritt ans Ziel.
- Jedes Ding braucht seine Zeit.
- Ich arbeite ruhig und konzentriert.

Zur Leistungssteigerung:

- Ich kann meine Aufgaben erfüllen und bewältigen.
- Diese Aufgabe ist eine echte Herausforderung – pack sie an.
- Diesen Schritt kannst du schaffen – leg los.
- Diese Herausforderung erledige ich mit kühlem Kopf.

Zur Konservierung der Leistungsfähigkeit durch systematisches Erholungstraining:

- Ich lege nach dem Mittagessen eine kleine Pause ein, in der ich mich 15 Minuten entspanne und den Vormittag Revue passieren lasse.

- Wenn ich Montag bis Samstag arbeite, habe ich am Sonntag eine Ruhepause verdient – diesen Tag widme ich mir oder meiner Familie, ohne irgendetwas erreichen zu müssen.
- Nur wer regelmäßig Kraft tankt, bleibt auf Dauer leistungsfähig.

Zur Erhöhung des Selbstbewußtseins:

- Ich werde weitere Fortschritte erzielen.
- Fehler sind eine Lernchance.
- Ich bin für diese Aufgabe gut vorbereitet.
- Ich kann das schaffen, wenn ich mich konzentriert und engagiert dafür einsetze.

Self-Coaching-Modul 6:
Der innere Coach

In diesem Kapitel lernen Sie, warum wir das, was uns bewegt, angemessen verarbeiten müssen, warum unterdrückte Emotionen negative Auswirkungen haben und wie Sie mit Ihrem eigenen inneren Coach Rücksprache nehmen.

Aus der Forschung: Der konstruktive Umgang mit belastenden Emotionen

In seinem Grundlagenwerk »Emotion und Gesundheit« belegt Traue (1998) an Hand einer Reihe von interessanten Forschungsbefunden wie wichtig der angemessene Umgang mit Emotionen ist.

Von besonderem Interesse sind für uns vor allem die Studien über die Auswirkungen nicht erkannter und nicht ausgedrückter Emotionen. Aus einer Vielzahl von Daten zieht Traue das Fazit: Es kann sich für unseren Organismus als äußerst ungünstig erweisen, wenn wir unsere Gefühle »unterdrücken«. Anders gesagt: Zahlreiche Untersuchungen belegen wie wichtig es ist, daß wir vor allem belastende Ereignisse oder Erlebnisse, die uns stark bewegen, zum Ausdruck bringen.

Wie Tait und Silver (1998) herausfanden, heilt die Zeit nicht alle Wunden. Über 70 % der von ihnen Befragten hatten belastende Ereignisse, auch wenn sie bereits 20 oder mehr Jahre zurücklagen, noch in lebhafter Erinnerung.

Wie groß unser Mitteilungsbedürfnis ist, zeigt sich auch daran, daß wir dazu neigen, emotionale Ereignisse, die uns andere anvertrauen und die uns selbst emotionalisieren, nicht für uns zu behalten, sondern weiterzugeben. Wie Rimé (1995) berichtet, geben etwa 70 % aller Männer und Frauen, denen ein emotionales Ereignis anvertraut wurde, dieses mindestens einmal weiter. Ganz besondere emotionale Ereignisse werden sogar mehrmals weitergegeben, über intensivere Erlebnisse wird mehr gesprochen als über weniger intensive.

Die Vorstellung, daß nicht ausgedrückte Emotionen krank machen, ist allerdings nicht neu. Bereits in der ersten Ausgabe der renommierten Zeitschrift Psychosomatic Medicine im Jahr 1939 erschienen zwei programmatische Arbeiten zu diesem Thema, die auch heute noch aktuell sind. In seinem Aufsatz »Psychological Aspects of Medicine« betont Alexander (1939) zu Recht: »Dauerhaft unterdrückte Ängste, Aggressionen und Wünsche führen zu permanenten emotionalen Spannungen, durch die vegetative Organe funktional gestört werden. Zahlreiche Gefühle können aufgrund der Komplexität unserer sozialen Existenz nicht in Handeln umgesetzt ... werden; sie bleiben gehemmt und gelangen in falsche Kanäle: Anstatt ihren Ausdruck in willkürlicher Innervation zu finden, beeinflussen sie die internalen vegetativen Funktionen, wie beispielsweise die Verdauung, die Atmung oder den Kreislauf« (zit. nach Traue 1998, S. 18). Diese Sichtweise ist bis heute gültig und Traue bestätigt, daß »... die Hemmung von Gefühlen erhebliche psychische Anstrengungen erfordert, die bei vielen Menschen nicht ohne Folgen für ihre Gesundheit bleiben« (S. 15).

Wir alle verfügen über ein breites Spektrum an Gefühlen. Manche erleben wir als angenehm, manche als unangenehm. Eine Reihe von Untersuchungen beschäftigte sich in den letzten Jahren mit der Frage, von welchen Gefühlen beziehungsweise deren Hemmung eine besonders krankmachende Gefahr ausgeht. Dabei rückte immer mehr die Rolle von zwei Gefühlen in den Mittelpunkt der Untersuchungen: unterdrückte Feindseligkeit und unterdrückter Ärger.

Vor allem in Zusammenhang mit Herz-Kreislauf und Krebserkrankungen kristallisierten sich diese zwei Gefühle als besonders bedeutsam heraus. In der Zwischenzeit werden sie mit einer Vielzahl negativer körperlicher Veränderungen in Verbindung gebracht.

So konnte zum Beispiel Vögele (1993) zeigen, daß bei unterdrücktem Ärger der Blutdruck ansteigt, was zu strukturellen Änderungen im Gefäßsystem führt, was wiederum die Voraussetzung für chronischen Bluthochdruck ist.

Ist es deshalb sinnvoller, seinem Ärger Ausdruck zu verleihen? Auch dieser Frage ging Vögele nach. Er fand heraus, daß in diesem Fall die Pulsfrequenz akut ansteigt, was vorübergehend die Sauerstoffversorgung des Herzens behindert. Dies kann dann wiederum zu einer Schädigung der Gefäßinnenwände führen, und somit das Ausbrechen einer Arteriosklerose begünstigen. Es anderen zu zeigen, ist für den Akteur also kein gesundheitsförderndes Verhalten – abgesehen von den negativen Beziehungskonsequenzen, die solche Ausbrüche nach sich ziehen.

Damit soll allerdings nicht vereinfachenden Kausalzusammenhängen wie »unterdrückter Ärger führt zu Bluthochdruck« das Wort geredet werden. Denn wie das Team um Suls (1995) feststellt, handelt es sich bei Bluthochdruck natürlich um eine multikausal verursachte Störung.

Gefühle von Ärger und Feindseligkeit sind aber ein fester Bestandteil unseres Alltags. Zwar gibt es auch hier wieder Unterschiede zwischen den Menschen: Während bei manchen diese Gefühle mehrmals am Tag vorkommen, sind sie bei anderen seltener. Trotzdem bleibt die Frage: Wie sollen wir damit umgehen?

Die Untersuchungen von Müller und Elbert (1994) geben hier Hinweise. Sie fanden heraus, daß Herzinfarktpatienten und Menschen, die zu Bluthochdruck neigen, im Vergleich zu anderen weniger in der Lage sind, Ärger auf sozial kompetente Art und Weise auszudrücken. In einer weiteren Untersuchung fand Müller (1995), daß bei diesen Personen eher ungünstige Cholesterinverhältnisse im Blut zu finden sind als bei einer Vergleichsgruppe.

Aus diesen und anderen Untersuchungen haben viele Streßmanagementprogramme Konsequenzen gezogen und entsprechende Trainingsmodule aufgenommen. Dort lernen die Teilnehmer, Ärger und Aggression auf sozial verträgliche Art zu äußern. Natürlich beinhalten alle diese Programme verschiedene Module. Standardbaustein ist jedoch immer ein Entspannungstraining.

Der kompetenten Emotionsregulation kommt, wie wir gesehen haben, eine zentrale Rolle bei der Erhaltung unserer Gesundheit zu. Es liegt aber nicht jedem Menschen, sich mit einem Coach, Kollegen oder Partner auszutauschen, denn der Austausch mit anderen setzt immer ein gewisses Maß an Offenheit und Vertrauen voraus. Auch James Pennebaker, ein Neurobiologe, mit dessen Untersuchungen wir uns gleich beschäftigen, gehörte zu diesen Menschen. Als er sich in einer persönlichen Krise befand, wollte er keinen Therapeuten aufsuchen.

Aus der Forschung: Schreiben als Psychohygiene

Aus seiner Krise fand James Pennebaker einen Ausweg, der gar nicht so selten ist, sondern spontan von vielen Menschen genutzt wird. Er fing damit an, seine Gedanken aufzuschreiben. Da er dies für sich als sehr hilfreich empfand, legte er ein Untersuchungskonzept vor, daß es ermöglichen sollte, die Rolle des Niederschreibens belastender Ereignisse bei seinen Patienten zu untersuchen.

Pennebaker teilte seine Versuchspersonen in zwei Gruppen auf. Die erste Gruppe wurde ermutigt, sich an drei bis fünf aufeinanderfolgenden Tagen 15 bis 30 Minuten Zeit zu nehmen, um über ein »emotional äußerst wichtiges Thema, das Sie und Ihr Leben stark beeinflußt hat«, zu schreiben. Die zweite Gruppe sollte Belangloses aus dem Tagesverlauf notieren, zum Beispiel über die Kleidung, den Einkauf oder Ansichten über das Wetter.

Nach dem Schreiben fühlten sich die Versuchsteilnehmer der ersten Gruppe erleichtert und werteten die Erfahrungen mit dem Schreiben als wertvoll und bedeutsam für ihr Leben. Und dies, obwohl sie das Schreiben als schmerzhaft erlebten. Im Anschluß an das Schreiben stiegen die Stimmung und das Wohlbefinden deutlich an. Für die zweite Gruppe, die Banales notierte, zeigte sich kein entsprechender Effekt.

Die Ergebnisse sind auch für Führungskräfte von Bedeutung. Denn auch körperliche Vorgänge ließen sich mit dieser Methode positiv beeinflussen. Wer seine emotionalen Belastungen regelmäßig zu Papier brachte, meldete sich am Arbeitsplatz weniger krank. Physiologische Messungen lieferten die Erklärung für diesen positiven Effekt: Das Niederschreiben von negativen Gefühlen stärkt die Immunfunktion (Pennebaker 1993a, b).

Wie viele Menschen diese Möglichkeit intuitiv für sich nutzen zeigt ein Aufruf der Arbeitsstelle Randgruppenkultur/-literatur der Universität Münster mit dem Inhalt: »Welche Bedeutung hat Literatur für Sie in einer Lebenskrise?« Die Forscher waren vom Echo auf ihren Aufruf selbst sehr überrascht. Denn über 800 Antworten lieferten 4700 Texte mit circa 23000 Seiten. Helmut Koch und Nicola Keßler (1998) ziehen die Schlußfolgerung, daß Schreiben und Lesen in psychischen Belastungssituationen eine Art Massenphänomen zu sein scheint.

An den eingesandten Texten ist besonders interessant, daß sie ohne große Reflexion geschrieben worden sind. Das bestätigt im

Prinzip die Arbeiten von Pennebaker. Viele der Autoren drücken unmittelbares und ungefiltertes inneres Erleben aus. Sie berichten darüber, wie die Texte aus ihnen herausgeströmt sind und sich zum Teil verselbständigt haben. Das Schreiben erfolgte also nicht, und das dürfte der entscheidende Wirkfaktor gewesen sein, zensiert oder über den Umweg der Reflexion, sondern geschah oftmals wie aus dem Bauch heraus (Koch u. Keßler 1998). Max Frisch kommentiert diese Form der Psychohygiene mit den Worten: »Schreiben heißt sich selber lesen.«

Neben dem Schreiben ist die Möglichkeit, in einer belastenden Situation Rücksprache nehmen zu können, außerordentlich wichtig. Es ist aber belegt, daß viele Menschen gerade dann diese Möglichkeit nicht nutzen. Damit sind sie in einer schwierigen Situation auf sich allein gestellt. Einen Ausweg aus dieser Isolation bietet der innere Dialog mit einer vorgestellten Person, oder – anders gesagt – mit einem selbst konstruierten Coach.

Wir finden diese Form des Austauschs in allen großen Weltreligionen. Aus offensichtlichen Gründen ist es für die Wissenschaft aber schwierig, die Auswirkungen religiöser Orientierung zu beforschen. Allein die Tatsache, daß seit Menschengedenken religiöse Bräuche existieren, und zwar in allen Teilen der Welt, sollte uns aber für diese Form der Daseinsbewältigung offen und neugierig machen.

Im Zusammenhang mit dem Glaubwürdigkeitsverlust der großen westlichen Religionen in den letzten Jahrzehnten haben aber viele Menschen den Zugang zu diesen jahrtausendealten Ressourcen verloren. Zukünftige Forschungen werden die Bedeutung einer religiösen Orientierung für alle Bereiche unseres Lebens weiter erhellen. So zeichnen sich bereits erste Ergebnisse aus der Erforschung östlicher Meditationsweisen ab, die die gesundheitserhaltende Wirkung meditativer Verfahren nahelegen. Dies ist in keinster Weise erstaunlich. Denn ein Verfahren kann sich nur über die Jahrtausende durchsetzen, wenn es bei seinen Anwendern einen positiven Effekt auslöst.

Aus der Forschung: Beistand durch Engel?

1997 wiederholte das Institut für Demoskopie in Allensbach eine bereits früher durchgeführte Befragung über Engel und Schutzengel. Für die Forscher selbst überraschend war die Zunahme des

Glaubens an die in irgendeiner Form vorhandene Existenz von Engeln. Glaubten 1986 nur 31 Prozent der westdeutschen Katholiken an die Existenz von Engeln, so sind es zehn Jahre später bereits 50 Prozent.

Neben anderen Aspekten, die wir hier übergehen können, wurde die Möglichkeit, mit Engeln Rücksprache nehmen zu können, anhand folgender Frage untersucht:»Angenommen, Sie könnten mit einem Engel sprechen: Worüber würden Sie gern mit ihm sprechen?« Circa 40 Prozent sehen einen Engel als Begleiter auf ihrem Lebensweg und circa 30 Prozent der Befragten können sich vorstellen,»ihn als Weiser und Ratgeber für ihre persönlichen Nöte« (S. 29) zu nutzen. Die tröstende und ermutigende Funktion des Dialogs mit Engeln ist immerhin noch für circa 20 Prozent der Befragten gegeben. Wie die Autoren der Studie betonen, schimmert in diesen Aussagen ein gewandeltes Engelsbild durch.»Daß der Glaube an Engel, der auch heute bei einer ungeahnt großen Zahl von Menschen vorhanden ist, wenig zu tun hat mit den niedlichen Engelsmotiven, die vor allem in der Vorweihnachtszeit die Schaufenster schmücken, ist ganz deutlich . . . Trost und Ermutigung kann nur ein Engel spenden, der gütig, zugleich aber auch ernsthaft ist . . .« (Institut für Demoskopie Allensbach 1997, S. 22).

Zur angemessenen Verarbeitung belastender Emotionen bieten sich neben den genannten Wegen noch folgende Möglichkeiten an.

Übungen zum inneren Coach

Übung 1: Rücksprache mit dem inneren Coach

Die Möglichkeit, Rücksprache mit einem imaginären Wesen zu nehmen, bietet eine Reihe an Vorteilen:

- Einer in der Phantasie vorgestellten Person kann man wirklich alles sagen.
- Der innere Dialog ist emotional entlastend, schafft Distanz und öffnet den Blick auf neue Wege.
- Er ermöglicht äußerste Intimität bei gleichzeitig äußerster Individualität.
- Diese»Person« steht Ihnen jederzeit zur Verfügung.
- Der innere Coach ist ganz allein für Sie da.

Die Person Ihres Vertrauens kann entweder sehr konkret aussehen oder eher vage und verschwommen bleiben. Wichtig ist in jedem Fall, daß Sie sie mit positiven Charaktereigenschaften ausstatten wie Nachsicht, Verständnis, Weisheit und Güte.

Übung 2: Kollegialer Rückhalt durch Intervision

Suchen Sie sich eine Gruppe von Menschen, die in ähnlichen Positionen arbeiten wie Sie, aber nicht derselben Firma angehören. Neben fachlichem Austausch sollte dabei dem emotionalen Austausch und Rückhalt sowie der kollegialen Unterstützung ein besonderer Stellenwert eingeräumt werden. Übrigens: Diese Form des Austauschs ist nicht nur entlastend, sondern eröffnet häufig auf der Sachebene unerwartete Alternativen.

Aus der Praxis: Wie aus Fehlern Stärke erwächst

Herr H. war Mitinhaber eines jungen Unternehmens in einer Wachstumsbranche. Er berichtet, wie es ihm gelungen ist, eine berufliche Krise zu überwinden.

C.E.: Können Sie berichten, was seinerzeit vorgefallen ist?
Herr H.: Wir hatten unsere Firma erst vor kurzem gegründet und stark expandiert. Ich verhandelte damals wegen eines sehr großen Auftrages mit einer Firma, zu der wir schon Kontakte hatten. Es ging schließlich so aus, daß wir am Ende den Auftrag, den wir schon fest einkalkuliert hatten, nicht bekamen. Wir sahen uns daraufhin sogar dazu gezwungen, Mitarbeiter entlassen zu müssen. Es gelang uns zwar, den Schaden zu begrenzen, aber es war natürlich besonders für mich ein schwerer Schlag.
C.E.: Sie leiteten damals die Verhandlungen für Ihr Unternehmen – machten Sie sich denn verantwortlich für diesen Fehlschlag?
Herr H.: Heute, mit einigem Abstand, muß ich sagen, daß das Scheitern der Verhandlungen zu einem Großteil auf mein Konto geht.
C.E.: Wie ist es dazu gekommen?
Herr H.: Ich glaube, Verschiedenes kam damals zusammen. Aufgrund unserer Anfangserfolge, mit denen wir ursprünglich nie

gerechnet hatten, entstand bei uns eine Art von Selbstüberschätzung. Wir fühlten uns besser als unsere Konkurrenz und
glaubten, wir könnten alles erreichen, was uns wichtig war.
Ich begann die Verhandlungen mit dem Gefühl, sie bereits
erfolgreich abgeschlossen zu haben. Dies führte zu Leicht-
sinn und dazu, daß ich die Position und Sichtweise meiner
Verhandlungspartner nicht genügend ernst nahm. Ich war auf
die jeweiligen Verhandlungen oft nur oberflächlich vorbereitet. Dazu kam, daß mir mein Verhandlungspartner in seiner
Art nicht sympathisch war und ich ließ meine Verhandlungs-
führung durch diese Gefühle beeinflussen. Das ist mir heute
klar.

C.E.: Als die Verhandlung dann gescheitert war, wie war das für
sie persönlich?

Herr H.: Wir konnten es zunächst gar nicht glauben. Es war ein
Schock. Zum ersten Mal in meinem noch relativ jungen Leben
als Geschäftsmann hatte ich einen beruflichen Mißerfolg und
dazu noch in einer so wichtigen Angelegenheit. Ich war damals
wie am Boden zerstört.

C.E.: Wie haben Sie reagiert?

Herr H.: Neben dem Mißerfolg war am schlimmsten, daß wir Mitarbeiter entlassen mußten, und indirekt wußte ich schon damals, daß dies auf mein Konto ging. In unserer Firma hat am
Anfang aber niemand außer mir die genauen Gründe für das
Scheitern gekannt. Ich hatte eine lange Phase, in der ich niedergeschlagen war und an meiner Arbeit zweifelte. Es war wie
ein Sturz von sehr weit oben nach ganz unten.

C.E.: Was hat Ihnen dabei geholfen, diese Krise zu überwinden?

Herr H.: Natürlich waren es mehrere Dinge. Ein wichtiger Schritt
war, als ich in der Lage war, darüber mit meiner Partnerin offen
zu sprechen. Das war am Anfang nicht so. Ihr konnte ich als
erstes sagen, was wirklich schief gelaufen war.

C.E.: Und wie haben Sie diesen für Sie so wichtigen Schritt geschafft?

Herr H.: Ich habe damals damit begonnen, das hatte ich als Ju-
gendlicher auch schon getan, eine Art Zwiesprache zu führen
mit einer imaginären Person, die ich für mich in ein positives
Bild kleidete und bei der ich mich über mein Schicksal, denn
so sah ich es zunächst, beklagen konnte.

C.E.: Und die zugehört hat, ohne zu kritisieren und in Frage zu
stellen?

Self-Coaching

Herr H.: Genau. Dies hat mir dabei geholfen, mich meiner Partnerin anzuvertrauen. Das war am Anfang nicht leicht, vor allem, weil ich Kritik und Unverständnis befürchtete.

C.E.: Und wie hat Ihre Partnerin reagiert?

Herr H.: Sehr positiv und verständnisvoll. Das hat mir natürlich sehr geholfen und dafür bin ich ihr sehr dankbar.

C.E.: Nachdem Sie soweit waren, haben Sie dann Konsequenzen gezogen?

Herr H.: Ich habe später, vielleicht nach einem halben oder ganzen Jahr, eine Art Bilanz gezogen. Ich habe mir überlegt, was damals von meiner Seite aus alles falsch gelaufen ist und mir geschworen, aus diesen Fehlern zu lernen.

C.E.: Was denken Sie, was Sie heute anders machen?

Herr H.: Diese Dinge sind mir seither so nicht mehr passiert. Heute bereite ich mich auf Verhandlungen intensiv vor. Wir haben seit diesem Vorfall im Unternehmen auch nicht mehr so ein Gefühl der Selbstüberschätzung. Seriöse Vorbereitung, nicht nur auf Verhandlungen, sondern für alles, was mir beruflich wichtig ist, steht für mich heute an erster Stelle.

C.E.: Wie wirkte sich die Tatsache, daß Sie in der Lage waren, schließlich doch Fehler eingestehen zu können, auf Ihre weitere berufliche Entwicklung aus?

Herr H.: Ich kann heute besser zu Fehlern stehen, nicht nur beruflich, auch privat.

C.E.: Hat das auch Auswirkungen im Umgang mit Ihren Mitarbeitern?

Herr H.: Ich bin einerseits toleranter, wenn bei anderen etwas schiefläuft. Andererseits bin aber auch konsequenter, spreche Fehler sofort offen an und fordere Veränderungs- und Verbesserungsvorschläge konsequent ein. Wir haben dadurch eigentlich ein gutes Lernklima und sehen uns in einem gemeinsamen Entwicklungsprozeß. Das setzt natürlich voraus, zu Fehlern stehen zu können. Mein eigenes Beispiel als Vorgesetzter hat dabei natürlich eine besondere Vorbildfunktion.

Self-Coaching-Modul 7:
Lebendige Ziele

> In diesem Kapitel lernen Sie, wie Sie mit Hilfe Ihrer inneren
> Vorstellung und der dadurch bedingten inneren Bahnung
> Ziele erreichen und wie Sie Ihr eigenes Drehbuch schreiben
> und gestalten.

Um weiterzukommen, müssen wir wissen, was wir wollen. So
einleuchtend und logisch das klingt, so wenig steht uns diese Erkenntnis jedoch dann zur Verfügung, wenn wir in einem Problem
feststecken. Typischerweise antworten dann viele auf die Frage,
was sie erreichen wollen, mit negativem Inhalt: Ich will weniger
nervös sein. Ich will nicht immer so unsicher sein. Ich will mich
nicht immer nur nach den anderen richten. Ich will mich nicht
mehr so hilflos fühlen.

Diese Vorsätze erzeugen aber gerade eine innere Problemvor-
stellung, die damit verwobene negative Emotionen aktualisieren
und darauf aufbauend inkompetentes Verhalten fördern, was wiederum die bereits vorhandenen Befürchtungen bestätigt. So entsteht ein klassischer negativer Kreislauf. Mit Beschwörungsfor-
meln, die zur Abwendung einer Gefahr gedacht sind, wie »hoffentlich geht diese Verhandlung nicht schief«, erzeugen wir in uns ein
Bild von Inkompetenz und beschneiden unsere eigenen Fähigkeiten. Typisch ist, daß, je verbissener dieser Kampf geführt wird, er
um so stärker die Problemfokussierung fördert (Schmidt 2000).

Dabei bleibt immer unklar: Was will ich eigentlich erreichen?
Was genau ist mein Ziel? Was wird dann in meinem Leben anders
sein? Welche konkreten Vorteile wird diese Veränderung mit sich
bringen?

Am Beispiel des Rauchers, der sich von seinem Laster befreien möchte, illustrieren Mrochen und Bierbaum (1993) den Unterschied zwischen Problem- und Zielvision. Wenn der Raucher keine klare innere Vorstellung oder ein inneres Bild von sich als Nichtraucher hat, wird es ihm kaum gelingen, ein zufriedener und ausgeglichener Nichtraucher zu werden, auch dann nicht, wenn er es wirklich will.

Eine gute Motivation ist zwar eine wichtige Voraussetzung für eine erfolgreiche Weiterentwicklung, allein aber nicht ausreichend. Je besser Entwicklungsziele innerlich vorgestellt werden können, desto leichter und erfolgreicher wird die Veränderung sein. Persönliche Entwicklungsziele scheitern selten an der notwendigen Motivation, die ist meist vorhanden, sondern am nicht klar definierten Zielzustand.

Anders gesagt: Solange der Nichtraucher eine Verzichtsmentalität kultiviert und klagt »heute darf ich wieder nicht rauchen«, ist er stark rückfallgefährdet. Sobald es ihm gelingt, mit dem Nichtrauchen eine Gewinnmentalität aufzubauen, das heißt auf die positiven Seiten seines neuen Lebens zu fokussieren, hat er einen entscheidenden Schritt nach vorne getan. Rückfälle, die immer möglich sind, können aus dieser Perspektive als Teil eines Wegs gesehen werden, der weiter vervollständigt werden muß.

Qualitätskriterien für die Zielformulierung

Ziele zur persönlichen Weiterentwicklung sollten folgende Qualitätskriterien erfüllen:

(a) realistisch und erreichbar,
(b) positiv formuliert,
(c) konkret beschreibbar,
(d) lebendig und vorstellbar,
(e) bedeutsam.

(a) realistisch und erreichbar
Es gibt viele Gründe dafür, daß Ziele in der Regel zu hoch angesetzt werden. Zwar mobilisiert ein hohes Ziel viel Energie, aber das Risiko eines Fehlschlags ist häufig der Preis übersteigerter Erwartungen. Tragischerweise werden häufig die Veränderungsschritte ganz aufgegeben, statt die Ziele realistisch zu formulieren. Es gilt: Jedes Ziel ist in Unterziele unterteilbar.

(b) positiv formuliert

Ein Ziel ist nicht etwas, was nicht ist, sondern es ist eine Handlungskompetenz, die Sie aufbauen und erreichen möchten. »Weniger nervös sein« ist deshalb eine schlechte Zielformulierung, weil sie weder ausdrückt, was Sie tun werden, noch wie Sie sein wollen. Eine positive Zielformulierung enthält bereits ein Stück von dem in sich, was Sie erreichen möchten.

(c) konkret beschreibbar

Solange Ziele so nebulös formuliert sind wie »dann wird unser Betriebsklima besser« oder »dann kann ich besser verhandeln« werden Sie kaum feststellen können, ob Sie Ihr Ziel erreicht haben oder nicht. Je konkreter Sie die Fragen: »Woran bemerken Sie und andere, daß das Klima besser ist« oder, »daß Sie besser verhandeln« beantworten, desto eher können Sie Ihren Fortschritt realistisch einschätzen. Formulieren Sie deshalb so, daß ein Außenstehender, der Sie nicht kennt, genau nachvollziehen kann, welches Ihre Ziele sind.

(d) lebendig und vorstellbar

Unsere Phantasie ist eine wunderbare Einrichtung, denn in ihr ist alles möglich. Vermutlich gäbe es keinen Fortschritt ohne Phantasie. Doch auch in unserer persönlichen Entwicklung spielt unsere Phantasie eine wichtige Rolle, weil wir damit schon heute unsere Ziele Wirklichkeit werden lassen können. Die Vorstellung unserer Ziele in der Phantasie erfüllt zwei wichtige Funktionen:

1. Unsere Ziele werden für uns zum ersten Mal konkret und damit erreichbarer.
2. Wir sind in der Lage, gedanklich zu antizipieren, welche Schritte wir auf unser Ziel hin unternehmen müssen. Diese Handlungsanbahnung erhöht die Chance, in der Realsituation tatsächlich unserem Ziel entsprechend zu handeln.

(e) bedeutsam

Jedes Ziel ist ein individueller Schöpfungsprozeß. Je tiefer unsere Ziele aus unserem Inneren kommen, desto motivierter sind wir, uns dafür zu engagieren. Darum bittet Kazuo Inamori seine Mitarbeiter bei Kyocera darum, »nach innen zu schauen«, damit sie ihre eigenen Standards entdecken.

Aus der Forschung: Mentale Problembewältigung

Die Kognitionsforscherin Shelley Taylor (1998) untersuchte bei Schülern, die vor einer Prüfung standen, nach welchen Kriterien erfolgreiche Drehbücher gestaltet sein müssen. Ihre Ergebnisse sind so interessant, daß wir sie hier näher betrachten wollen.

Eine Gruppe wurde instruiert, sich vorwiegend auf den Prozeß des Lernens selbst zu konzentrieren:»Stell dir jeden Tag fünf Minuten lang vor, wie du deine Bücher herausholst, dich hinsetzt und trotz aller Hindernisse deine Aufgaben Zug um Zug erledigst.« Eine zweite Gruppe sollte sich vor allem das Ziel des Lernens ausmalen: Fünf Minuten lang täglich gedankliches Schwelgen in der Freude nach der bestandenen Prüfung und Stolz auf die guten Noten. Einer dritten Gruppe wurden keinerlei Anweisungen gegeben. Gemessen wurde die Wirksamkeit der unterschiedlichen Vorgaben anhand der mit Lernen verbrachten Zeit und der tatsächlich erreichten Noten.

Die Schüler der ersten Gruppe schnitten am besten ab – sie lernten länger und erhielten bessere Noten als die Schüler der beiden anderen Gruppen. Die Schüler der zweiten Gruppe erwiesen sich anfänglich als die Motiviertesten. Aber ihr Schwung erlahmte schnell, als es ans Büffeln ging. Ebenso waren ihre Noten schlechter. Immerhin schnitten sie noch besser ab, als die Schüler der dritten Gruppe.

Ausschlaggebend für den Erfolg der ersten Gruppe waren die im *mentalen Probelauf eingebauten Hürden und deren Überwindungstechniken.* Das heißt, auch dann zu lernen, wenn man einmal keine Lust dazu hat. Allein die Phantasie darüber, wie schön es sein wird, ein bestimmtes Ziel erreicht zu haben, ist also weniger effektiv als die gedankliche Vorstellung darüber, was wir tun müssen, um das gewünschte Ziel auch zu erreichen.

Lebendige Ziele setzen und erreichen

1. Notieren Sie sich Ihr Ziel.
2. Unterteilen Sie es in erreichbare Zwischenziele.
3. Gehen Sie in Ihrer Vorstellung die folgenden Anregungen durch:
   - Stellen Sie sich so lebendig wie möglich vor, wie Sie dabei

sind, Ihr Ziel zu erreichen. Überlegen Sie, was Sie dabei sehen, körperlich spüren oder fühlen, hören und riechen. Beschreiben Sie sich dies so konkret wie möglich. Spüren Sie Ihr Ziel, hören und sehen Sie es.

- Was wird für Sie anders sein, wenn Sie Ihr Ziel erreichen?
- Wie genau werden Sie sich anders verhalten?
- Wie anders wird Ihre innere Einstellung sein?
- Woran genau werden andere bemerken, daß Sie dabei sind, Ihr Ziel zu erreichen?
- Welche Hindernisse könnten auftreten?
- Wie werden Sie diesen auf neue Art und Weise gegenübertreten?

Sie brauchen etwas Zeit und Erfahrung bis sie mit dieser Technik vertraut sind. Die Beispiele aus der Praxis illustrieren wie Sie vorgehen können.

Aus der Praxis: Kommunikative Kompetenz

Führungskräfte verbringen den größten Teil ihres Tages damit zu kommunizieren: Werte vermitteln, überzeugen, begeistern, eine klare Linie vorgeben, Mehrheiten für unpopuläre, aber nötige Entscheidungen herstellen, entscheiden, delegieren und vieles mehr findet auf der Grundlage von Kommunikation statt. Führungskräfte müssen Experten in Kommunikation sein.

Frau Klasen erlebt Visualisierungstechniken als besonders hilfreich. In entspanntem Zustand stellt sie sich vor, daß sie bereits dabei ist, sich so zu verhalten, wie sie es gern möchte. Sie sitzt in ihrem eigenen »Kino« und sieht einen selbstgedrehten Film über und mit sich selbst als Hauptdarstellerin. Alle Details, wie Geräusche, Empfindungen, Farben und die Reaktionen der anderen anwesenden Personen, stellt sie sich konkret vor. Später wechselt sie die Perspektive. Sie verläßt ihren Regiestuhl, um selbst in den Film hineinzugehen und sich dort kompetent und erfolgreich zu verhalten. Sie beendet diese Übung mit Lob und Anerkennung für das, was sie erreicht hat.

Bei der Betrachtung eines solchen »Films« sind also zwei Positionen möglich:

172

1. Man sieht sich wie in einem Film dabei zu, wie man selbst erfolgreich handelt.
2. Man begibt sich in die Rolle hinein und handelt erfolgreich in ihr.

Als Areamanagerin eines größeren Kosmetikunternehmens hat Frau Klasen zahlreiche Meetings mit ihren ausländischen Mitarbeitern. Sie selbst hatte das Gefühl, daß Sie sich bei Kritik schnell angegriffen fühlte und brüsk reagierte. Sie befürchtete, daß sich ihre Kollegen immer wieder vor den Kopf gestoßen fühlten und dadurch wichtige Anregungen und Ideen verloren gingen.

Ihr erstes persönliches Entwicklungsziel bestand darin, kritische Anmerkungen ohne Kommentar entgegenzunehmen und ruhig und gelassen eine oder zwei Verständnisfragen zu stellen. Das innere Bild, das sie dabei von sich selbst konstruiert, zeigt, wie sie, während sie Kritik hört, ruhig und gelassen bleibt.

Zusätzlich arbeitet sie mit dem posthypnotischen Auftrag: »Kritik kann eine wichtige Information für mich sein. Deshalb werde ich bei Kritik aufmerksam zuhören und, wenn nötig, einige Verständnisfragen stellen. Dann werde ich in Ruhe über die Kritik nachdenken und überlegen, welche Konsequenzen ich daraus ziehe.« Und als Variante dazu: »Während andere kritisieren, bleibe ich ruhig und gelassen und höre aufmerksam zu, was gesagt wird.« Ihre Erfahrung mit diesem Vorgehen beschreibt sie so: »Ich habe bemerkt, wie ich mich innerlich immer gelassener fühlte und das hat mir geholfen ruhiger zu reagieren«.

Diese Erfahrungen regten Frau Klasen zu einem zweiten Ziel an, nämlich sich um eine persönlichere Beziehung zu ihren Mitarbeitern zu bemühen. Ihr fiel auf, daß sie ihre Kollegen »häufig eher als Funktionsträger statt als Menschen ansprach«. Bei Meetings mit bis zu sieben Mitarbeitern wollte sie in Zukunft jeden Kollegen mit einer oder zwei persönlichen Fragen ansprechen und die Antwort aufmerksam entgegennehmen. Um ihr Ziel besser zu erreichen arbeitete sie wieder mit visualisierten Zielvorstellungen und dem posthypnotischen Auftrag: »Beim nächsten Meeting nehme ich mir die Zeit, um in Ruhe mit jedem Mitarbeiter einige persönliche Worte zu wechseln.« Während jeden Meetings zog sie sich für fünf bis zehn Minuten zurück, um sich in einem kurzen inneren Self-Coaching auf ihr Ziel einzustellen.

Frau Klasen erzielte folgende Ergebnisse:

- Sie geht besser vorbereitet in die Meetings.
- Sie reagiert ruhiger und gelassener.
- Sie kann Kritik besser zulassen.
- Sie hat zu ihren Mitarbeitern einen besseren, persönlicheren Kontakt gefunden.
- Während der Meetings konzentriert sie sich mehr auf Moderations- und Strukturierungsaufgaben, um ihren Mitarbeitern einen aktiveren Part zu geben.
- Die jährlich stattfindende anonymisierte Mitarbeiterbefragungen weist ein gebessertes Meetingklima aus.

Frau Klasen nutzt Self-Coaching inzwischen auch für sich privat und übt an jedem Arbeitstag circa zehn Minuten lang. Auf die Frage, was sie als Wichtigstes gelernt habe, sagt sie:»Früher habe ich mich bemüht, eigene Fehler wegzubekommen – heute konzentriere ich mich auf das, was ich erreichen möchte.«

Das Beispiel illustriert das Lern- und Veränderungspotential von Self-Coaching. Hätte Frau Klasens Chef oder ein außenstehender Coach ihr geraten, sich um eine persönlichere Haltung ihren Mitarbeitern gegenüber zu bemühen, hätte sie diesen im Prinzip wichtigen Rat wahrscheinlich als unbotmäßige Einmischung etikettiert und zurückgewiesen. Dadurch, daß sie sowohl ihre Ziele als auch den Weg dorthin selbst festlegt, ist sie offener sich selbst gegenüber und kann eigene Schwächen als Chance zur Weiterentwicklung sehen und nutzen.

Self-Coaching-Modul 8:
Energieregulation

In diesem Kapitel lernen Sie den ökonomischen Umgang mit der eigenen Energie.

Daß uns Energie nicht unbegrenzt zur Verfügung steht, erfährt jeder in der täglichen Arbeitsroutine. Um so überraschender ist, daß der geplante und ökonomische Umgang mit der eigenen Energie oft sträflich vernachlässigt wird. Dies hat natürlich nicht nur Konsequenzen für unsere Gesundheit, sondern auch für die Qualität unserer Arbeit, da ein Zehn-Stunden-Arbeitstag einen ausgewogenen Umgang mit dem eigenen Energiehaushalt erfordert.

Aus der Forschung: Energieregulation und Leistung

Die ersten und heute noch relevanten Befunde über den Zusammenhang von Energieaufwand und Leistung stammen aus den Anfängen des letzten Jahrhunderts. Im Zentrum der Untersuchungen stand dabei die Frage: Was ist das optimale Ausmaß an Energie für die Bewältigung bestimmter Aufgaben. Wir alle kennen aus unserem Alltag Situationen, in denen ein zu hoher Grad an Energie bei der Lösung der Aufgabe eher hinderlich ist. Wenn Sie eine Konferenz mit übersteigerter Energie leiten, zum Beispiel weil Sie sich extrem unter Zeitdruck fühlen oder weil Sie sich gerade über einen nicht erhaltenen aber einkalkulierten Auftrag ärgern, sieht das Ergebnis in aller Regel nicht optimal aus. Ähnlich bei zu tiefem Energieniveau: Wenn Sie etwa die letzten Nächte viel gearbeitet und wenig geschlafen haben, sind Sie vermutlich nicht in optimalem Zustand, um kräftezehrende Verhandlungen zu führen, da Ihr Energiereservoir aufgebraucht ist, was wiederum Ihre psychische und mentale Stabilität negativ beeinflußt.

»Auf der Basis ihrer Forschungsergebnisse zeigten Yerkes und Dodson (1908), daß sich der Zusammenhang zwischen Erregungsniveau und Leistung mit Hilfe einer umgekehrten U-Funktion darstellen läßt. Das Yerkes-Dodsonsche Gesetz besagt, daß es für die Bewältigung jeder Anforderung ein optimales Aktivationsniveau gibt. Je nach Schwierigkeitsgrad der gestellten Aufgabe kommt es mit Zunahme der Aktivierung bis zu einem gewissen Punkt – dem Aktivationsoptimum – zu einer Leistungssteigerung. Übersteigt die Aktivierung dieses aufgaben- und personenspezifische Niveau, kommt es zu einem Leistungsabfall« (Eberspächer 1995, S. 63).

Neue Untersuchungen zur Energieregulation weisen darauf hin, daß wir innerhalb des Arbeitsablaufs Phasen einplanen müssen, um Energie aufzutanken. Deshalb gehen zunehmend mehr Firmen dazu über, ihren Mitarbeitern während der Mittagspause eine Rückzugsmöglichkeit einzuräumen. Dies entspricht auch der bei vielen Menschen vorhandenen Biorhythmusstruktur, die mit einer rapiden Abnahme der Energie nach dem Mittagessen einhergeht.

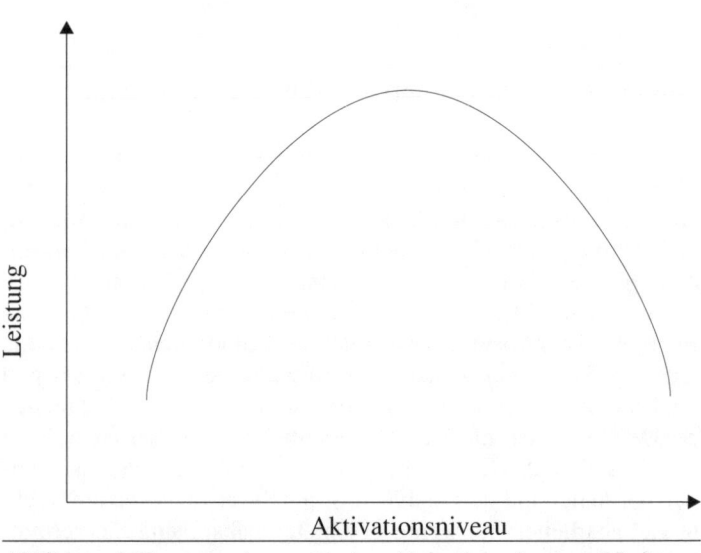

Abbildung 6: Zusammenhang zwischen Aktivationsniveau und Leistung

Übung zur Energieregulation

Es gibt verschiedene Möglichkeiten, Pausen einzulegen oder Phasen des Arbeitsalltags für kurze Erholungsmaßnahmen zu nutzen. Hier einige Beispiele:

- Legen Sie hin und wieder eine Zwei-Minuten-Pause ein. Stehen Sie auf, bewegen Sie sich, schauen Sie aus dem Fenster oder ähnliches. Planen Sie entsprechende Maßnahmen fest in Ihren Arbeitsalltag ein, da Sie sie andernfalls nach kurzer Zeit wieder aufgeben.
- Viele von uns nehmen an Besprechungen teil, an denen unsere Aufmerksamkeit nicht permanent von Anfang bis Ende gefordert ist. Nutzen Sie solche Phasen, um bewußt kurz abzuschalten und sich zu entspannen.
- Besonders wichtig: Überprüfen Sie Ihr Anspruchs- und Leistungsniveau. Falls Sie über einen längeren Zeitraum die Erfahrung machen fremd- oder selbstauferlegten Leistungsanforderungen nicht nachkommen zu können, müssen Sie das Verhältnis von Anspruch und erreichbarer Arbeitsleistung überprüfen.
- Beachten Sie neben diesen direkt arbeitsbezogenen Aspekten den freizeitbezogenen Aspekt der Energieregulation. Einen wesentlichen Teil, der Ihnen für die Ausführung Ihrer Arbeit zur Verfügung stehenden Energie, bauen Sie in Ihrer Freizeit auf. Was Sie in Ihrer Freizeit tun oder nicht tun, ist in diesem Zusammenhang von besonderer Relevanz. Bearbeiten Sie deshalb, falls nötig, noch einmal die oben dargestellten Befunde aus der Erholungsforschung.

Aus der Praxis: Energie für das Notwendige

Angemessenes Handeln setzt ein entsprechendes Energieniveau voraus. Während es zahlreiche Methoden gibt, ein zu hohes Erregungsniveau zu reduzieren, fehlen standardisierte Techniken zum Energieaufbau. Eine der ganz wenigen Methoden, die hier einen Weg bieten, ist die Selbstgesprächsregulation, die den Zusammenhang von Motivation und Energie nutzt.

Frau Peters: Schon als Jugendliche hatte ich die Angewohnheit, mich vor lästigen Routineaufgaben zu drücken und sie bis zum allerletzten Zeitpunkt hinauszuschieben. In meiner Berufstätigkeit ist mir diese Angewohnheit nicht immer gut bekommen.

C.E.: Können Sie ein Beispiel nennen?

Frau Peters: Der letzte und schwerwiegendste Fehler war, daß wir unseren Entwurf für einen Architektenwettbewerb zu spät einschickten, weil wir nicht rechtzeitig fertig geworden sind. Es gab daraufhin viel Ärger in unserem Team und eine Menge Arbeit war umsonst.

C.E.: Haben Sie sich entschieden, etwas an Ihrer Angewohnheit zu ändern?

Frau Peters: Nach diesem Vorfall sah ich mich endgültig dazu gezwungen, eine langjährige Gewohnheit zu ändern, wollte ich nicht meine berufliche Existenz aufs Spiel setzen. Denn eigentlich lag es letztlich an mir, daß wir mit dem Entwurf nicht rechtzeitig fertig geworden sind.

C.E.: Und wie sind Sie vorgegangen?

Frau Peters: Nun, das war anfangs nicht leicht. Früher hab ich mir immer vorgestellt: »Oh je, jetzt muß ich ja das noch erledigen – das darf doch nicht wahr sein«, und hab mich dann schnell mit etwas »Wichtigerem«, wie ich mir einredete, beschäftigt. Routineaufgaben zu erledigen, lag ein wenig unter meiner Würde. Und ich hatte auch nicht die Geduld dazu.

C.E.: Dann haben Sie jetzt aber damit begonnen gegenzusteuern?

Frau Peters: Ich treib mich selbst an und sag zu mir: »Stell dich nicht so an, das erledigst du jetzt, dann hast du es hinter dir«, oder »in soundsoviel Stunden hast du das erledigt und den Kopf wieder frei für andere Aufgaben«. Früher hatte ich mir nämlich in meiner Phantasie völlig unzutreffend vorgestellt, ich würde »eine Ewigkeit« dazu brauchen. Was natürlich gar stimmte, mich aber gelähmt hat. Das Ergebnis war, daß ich es immer vor mir hergeschoben habe.

Kommentar: Frau Peters fokussiert auf eine positive Zukunft. Sehr interessant ist die Variante der zeitlichen Befristung der unangenehmen Aufgabe. In unserer Vorstellung neigen wir dazu, die Erledigung unangenehmer Aufgaben völlig unangemessen aufzublähen. Eine Aufgabe als zeitlich begrenzt zu sehen, macht sie überschaubar und damit bewältigbar. Einen ähnlichen Effekt haben Zwischenziele, die ein großes Vorhaben in überschaubare und erreichbare Schritte unterteilen.

Frau Peters: Früher hab ich einmal sehr viel Sport getrieben. Und ich motiviere mich jetzt auch mit entsprechenden Techniken, die mir früher geholfen haben, durchzuhalten. Zum Beispiel: »Los, pack's an«, »das schaffst du«, »leg los«, »laß es laufen.« Ich stell mir dabei vor, wie es damals war, was mir dabei geholfen hat, das manchmal sehr harte Training durchzustehen. Ich erinnere mich noch gut daran, daß ich mich hinterher, nachdem ich's gepackt hatte, immer gut gefühlt habe. Das stell ich mir auch heute vor, wie ich mich gut fühle, wenn ich's gepackt habe.

C.E.: Oft ist es doch so, daß man eingeschliffene Denk- und Verhaltensmuster nicht im ersten Anlauf auf Dauer erfolgreich überwindet. Wie war das bei Ihnen?

Frau Peters: Das war bei mir natürlich auch so. Es ging lange, bis ich wirklich weiterkam.

C.E.: Können Sie das näher beschreiben?

Frau Peters: Natürlich hab ich früher schon oft versucht, etwas zu ändern. Ich habe mir dann vorgenommen, in Zukunft machst du es aber anders. Und das ging auch eine Weile gut. Aber mit der Zeit schlich sich wieder die alte Gewohnheit ein.

C.E.: Das ist ja sehr häufig so. Was haben Sie noch getan?

Frau Peters: Tatsächlich kamen noch mehrere Dinge hinzu. Einmal hab ich mir einen Vorsatz gefaßt, der lautete: »du machst die Aufgaben, die erledigt werden müssen« und habe über einen längeren Zeitraum, vielleicht ein viertel bis ein halbes Jahr, mehrmals die Woche mit diesem Vorsatz gearbeitet. Mir mehrmals in der Woche klar zu machen, das ist jetzt wichtig, ziehe es durch, war sehr nützlich. Auch heute benutze ich immer wieder diesen Vorsatz. Weiter habe ich damit begonnen, Notizen darüber zu führen, wie gut ich es geschafft habe. Dafür habe ich mir zweimal pro Woche abends eine Note auf einer Zehnerskala gegeben. Diese Form der Selbstkontrolle hat mir sehr geholfen. Dann hat mir mein Mann vor einiger Zeit einen Cartoon geschenkt, der das Thema auf ironische Weise zum Inhalt hat. Denn im Privatleben hatte ich mit diesem Verhalten ja auch hin und wieder Schwierigkeiten. Früher hätte ich auf ein solches Geschenk allerdings sehr negativ reagiert. Heute sehe ich es gelassener. Diesen Cartoon habe ich in meinem Büro aufgehängt, und er erinnert mich jetzt an mein Ziel.

Aus der Praxis: Energieregulation im Verhandlungsmarathon

Energieregulation ist die Kompetenz, die eigene Energie so einteilen zu können, daß sie zu der zu bewältigenden Aufgabe in angemessenem Verhältnis steht. Vor allem dann, wenn Energie und Leistung über einen längeren Zeitraum gefordert werden, zum Beispiel bei einem langen Arbeitstag, sehr langen Verhandlungen oder Vorhaben und Projekten, die sich über Wochen und Monate hinziehen, spielt die Energieregulation eine zentrale Rolle. Im Interview berichtet Herr V. über seine Energieregulation im Verhandlungsmarathon.

C.E.: Herr V., können Sie beschreiben, wie Sie in Verhandlungen hineingehen?

Herr V.: Ich bin häufig in Verhandlungen, die sich über Stunden, oft sogar bis spät in die Nacht hineinziehen. Typisch dabei ist, daß ich nicht genau weiß, wann die Verhandlung abgeschlossen sein wird.

C.E.: Was sind Ihre Erfahrungen bei solchen Verhandlungen?

Herr V.: Eines der Hauptprobleme bei langen Verhandlungen besteht darin, optimal mit den eigenen Kräften umgehen zu können. Tatsächlich kann eine lange Verhandlung in etwa verglichen werden mit einer Ausdauersportart. Auch da ist es ja wichtig, nur soviel Kraft einzusetzen wie unbedingt nötig. Das Verhandlungsergebnis kann davon abhängen, wer am Schluß noch über mehr Wachheit, Konzentration und Durchsetzungsvermögen verfügt. Aus diesem Grund beobachte ich natürlich, ob mein Gegenüber im Lauf der Zeit nervös, ungeduldig oder müde und abgelenkt wirkt.

C.E.: Wie bereiten Sie sich auf eine solche Verhandlung vor?

Herr V.: Neben der inhaltlichen Vorbereitung, die hier ja nicht unser Thema ist, berücksichtigt meine Vorbereitung die Komponenten Schlaf, Ernährung und die Regulation meiner Energie.

C.E.: Um was geht es Ihnen bei der Energieregulation?

Herr V.: Für mich stehen zwei Dinge im Vordergrund: Da ich von Natur aus eher ungeduldig bin, hat es mich anfangs sehr unruhig und nervös gemacht, wenn sich Verhandlungen, unnötig in die Länge gezogen haben. Ich war kribbelig und angespannt und erst als ich mit Entspannung und Self-Coaching eine Zeit

lang gearbeitet hatte, habe ich bemerkt, wieviel Energie ich unangemessen dadurch verbrauchte, daß ich viel zu unruhig und
ungeduldig war.

C.E.: Können Sie näher beschreiben, wie Sie Ihre Wahrnehmung
für sich selbst so verfeinert haben?

Herr V.: Im Zusammenhang mit regelmäßigem Entspannungstraining hat sich meine Sensibilität für meinen Körper sehr ge-
schärft. Ich merke jetzt also »hoppla, ich bin jetzt unangemessen angespannt«, das war mir vorher nicht bewußt.

C.E.: Das heißt, es geht um zwei Dinge: 1. Ruhiger und gelassener
bleiben, um nur soviel Energie zu verbrauchen, wie im Moment nötig ist und 2. Energie auch nach mehreren Verhand-
lungsstunden mobilisieren zu können.

Herr V.: Genau. Um Kraft gut zu regulieren, achte ich immer wieder auf mich selbst und entspanne mich. Wenn heute eine Verhandlung nicht vorankommt, nehm ich das viel gelassener als
früher. Oft sag ich mir dann: »Das ist jetzt eine Gelegenheit,
wo du dich kurz zurücklehnen und entspannen kannst.« Genauso gehe ich mittlerweile auch mit hitzigen Diskussionen
um. Natürlich kann man sich auch während einer hitzigen Diskussion entspannen. Auch wenn mein Gegenüber aus meiner
Sicht völlig unangemessene Positionen vertritt, lasse ich mich
nicht mehr so stark aus der Balance bringen, oder beruhige
mich aktiv hinterher. Ich sag dann zu mir: »Jeder hat ein Recht
auf seine Meinung.« Und was noch viel wichtiger ist: »Vermutlich wird diese Verhandlung heute länger dauern. Also richte dich darauf ein, achte auf dich und gehe gut mit dir um.«

C.E.: Was tun Sie, um Energie zu mobilisieren?

Herr V.: Wenn wir lange verhandelt haben und ich merke, daß
meine Energie und Konzentration nachlassen, stelle ich mir
vor: »Wenn wir es schaffen dieses Ergebnis zu erzielen, so wird
das positive Konsequenzen haben.« Ich achte dann ganz bewußt auf die positiven Konsequenzen und versuche sie mir so
konkret und lebendig wie irgend möglich vorzustellen. Das
setzt bei mir immer wieder Kräfte frei und hilft mir mehr als
mein früheres Klagen: »Oh je, das geht ja noch ewig. Wann
sind wir denn nur endlich fertig.« Heute weiß ich, daß ich mir
mit einem solchen Satz viel Kraft genommen habe. Und wenn
ein solcher Satz wieder in mir hochkommt, was nach langen
Verhandlungen sein kann, sage ich stattdessen bewußt zu mir:
›Okay, du bist jetzt müde und abgespannt – aber konzentriere

dich trotzdem auf die positiven Konsequenzen, die ein gutes Ergebnis bringen wird.‹ Und dann betrachte ich mein Bild vor meinem inneren Auge.

C.E.: Was ist das für ein Bild?

Herr V.: Meine mentale Vorbereitung auf eine schwierige Verhandlung beginnt häufig einige Tage im voraus. Eines meiner Hobbys ist die Malerei. Ich fertige mir ein Bild an, das die wichtigsten positiven Konsequenzen eines guten Verhandlungsergebnisses ausdrückt. Dazu lasse ich mir oft viel Zeit. Wenn ich darüber nachdenke, welche positiven Konsequenzen ein gutes Verhandlungsergebnis für uns haben wird, und wenn ich dies dann zeichne, dann ändert sich damit bereits meine innere Haltung zum Positiven. Ich fühle mich dann gelassener und stärker. Dieses Bild nehme ich immer zu einer Verhandlung mit. Wenn möglich, das geht natürlich nicht immer, lege ich es so zu meinen Unterlagen, daß ich es, wenn nötig, ansehen kann.

Ich habe auch schon Bilder gemalt, die mich so gezeigt haben, wie ich mich während der Verhandlung zu verhalten wünsche. Diesen Bildern habe ich spezifische Überschriften gegeben, wie »Bei dieser Verhandlungsrunde legst du immer wieder eine kurze Entspannungspause ein, atmest tief ein und aus und nimmst die Signale deines Körpers zur Kenntnis«, oder »du nimmst dir hin und wieder Zeit, um an dein letztes Skitourenwochenende zu denken und dich zu entspannen«. Das letzte Bild hatte als Thema »Beachte die Reaktionen der anderen Seite aus größerer Distanz«. Das Bild zeigte, wie ich in der warmen Sonne auf den oberen Stufen eines Amphitheaters sitze und von dort aus das unten auf dem Rasen stattfindende Schauspiel verfolge. Natürlich kommt die Anregung zu diesem Bild aus unserem letzten Urlaub.

Erinnern Sie sich noch an den 11jährigen Pascal aus der Einleitung zu Teil 3 dieses Buchs, der arge Probleme beim Rechnen hatte? Pascal hat mit Hilfe seines Coachs ein Training entwickelt, das ihn aus der negativen Spirale heraus und in eine auf Stärken und Ressourcen beruhende mentale Haltung bringt. Dazu hat er folgendes gelernt:

• Er achtet jetzt darauf, möglichst frühzeitig zu erkennen, wie er in Situationen kommt, in denen er zu sich sagt: »ich komm nicht mehr raus«.

- Wenn dieser Fall eintritt, legt er eine kurze Pause ein und nimmt bewußt eine Aufmerksamkeitsumfokussierung vor. Statt zu grübeln, geht er systematisch die folgenden Punkte durch:

1. Er liest sich die Aufgabe laut und in Ruhe vor.
2. Er beantwortet die Frage: Was muß ich tun?
3. Er beantwortet die Frage: Was ist der erste Schritt?, und führt diesen durch; ebenso geht er bei den weiteren durchzuführenden Schritten vor.
4. Bei Ablenkungen oder Störungen in der Klasse sagt er zu sich:»Erledige erst diese Aufgabe, die anderen Dinge sind jetzt nicht so wichtig.«
5. Wenn es ihm gelungen ist, diese Schritte durchzuführen, legt er eine kurze Pause ein und sagt sich:»Gut gemacht, Schritt für Schritt komme ich am schnellsten ans Ziel.«
6. Wenn er bei irgendeinem Schritt nach zwei bis drei Minuten nicht weiterkommt, fragt er seine Mutter oder am nächsten Tag seinen Lehrer und sagt sich:»Es ist ganz normal, eine Aufgabe nicht zu schaffen. Dazu ist der Lehrer da, damit ich ihn fragen kann.«
7. Er legt regelmäßig alle 15 Minuten eine Pause ein.

Die Punkte 1 bis 7 hat er auf seiner »Geheimkarte für gute Rechner« notiert. Diese hat er beim Aufgabenmachen immer neben sich liegen.

Literatur

Alexander, F. (1939): Psychological aspects of medicine. Psychosomatic Medicine 1: 7–19.

Allmer, H. (1996): Erholung und Gesundheit. Gesundheitspsychologie, Bd. 7. Göttingen.

Alman, B.; Lambrou, P. (1995): Selbsthypnose. Ein Handbuch zur Selbsttherapie. Heidelberg.

Antonovsky, A. (1993): Gesundheitsforschung versus Krankheitsforschung. In: Franke, A.; Broda, M. (Hg.), Psychosomatische Gesundheit. Versuch einer Abkehr vom Pathogenese-Konzept. Tübingen.

Bandura, A. (1977): Self-Efficacy: Toward a unifying theory of behavioral change. Psychological Review 84: 191–215.

Beitel, E. (1996): Bochumer Gesundheitstraining. Dortmund.

Benson, H. (1997): Das Anti-Streß-Programm. Psychologie Heute Compact.

Berkman, L.; Breslow, L. (1983): Health and Ways of Living. The Alameda County study. New York.

Bernstein, D.; Borkovec, T. (1975): Entspannungs-Training. Handbuch der Progressiven Muskelentspannung. München.

Bongartz, W. (1986): Abnahme von Plasmacortisol und weißen Blutzellen nach Hypnose. Experimentelle und klinische Hypnose 1: 101–197.

Bongartz, W. (1990): Hypnose und immunologische Funktionen. In: Revenstorf, D. (Hg.), Klinische Hypnose. Berlin, S. 116–136.

Carnegie, D. (1949): Sorge Dich nicht – lebe. München.

Christmann, F.; Hoyndorf, S. (1990): Sexuelle Störungen. In: Revenstorf, D. (Hg.), Klinische Hypnose. Berlin, S. 254–265.

Christmann, F. (1996): Mentales Training. Göttingen.

Coe, W.; Ryken, K. (1983): Hypnosis and risk to human subjects. American Psychologist 34: 673–681.

Cole, S.; Kemmeny, M.; Taylor, S.; Visscher B. (1996): Elevated physical health risk among gay men who conceal their homosexual identity. Health Psychology 15: 243–251.

Collinson, D. (1970): Cardiological applications of the control of the automatic nervous system by hypnosis. American Journal of Clinical Hypnosis 12: 150–157.

Coué, E. (1997): Autosuggestion. Zürich.

Crosby, Ph. (1994): Qualität 2000. München.

DeJong, P.; Berg, I. (1998): Lösungen (er-)finden. Dortmund.

Dell, P. (1986): Klinische Erkenntnis. Dortmund.

DeShazer, S. (1989): Der Dreh. Heidelberg.

Dobkin de Rios, M.; Friedman, J. (1987): Hypnotherapy with hispanic burn patients. International Journal of Clinical and Experimental Hypnosis 35: 87–94

Doppler, K.; Lauterburg, C. (1995): Frankfurt a. M.

Drucker, P. (1993): Die postkapitalistische Gesellschaft. Düsseldorf.

Eberspächer, H. (1995): Mentales Training. Ein Handbuch für Trainer und Sportler. München.

Eichhorn, C. (1995): Lösungen konstruieren statt Probleme lösen. io-management 6: 70–72.

Eichhorn, C. (1997): Mentale Stärke für souveränes Agieren. io-management 1/2: 75–78.

Enqvist, B. (1991): Preoperative hypnotherapy and preoperative suggestions in general anaesthesia: Somatic responses in maxillo-facial surgery. Swedish Journal of Hypnosis in Psychotherapy and Psychosomatic Medicine 7: 72–77.

Ernst, H. (1996): Gute Laune – schlechte Laune. Psychologie Heute 8: 20–25.

Ernst, H. (1997): Heilung ist vor allem Selbstheilung. Psychologie Heute Compact, S. 12–17.

Ernst, H. (2000): Das Streßparadox. Psychologie Heute 7: 20–27.

Fazwy, F; Cousins, N. Fazwy N. (1990): A structured psychiatric intervention for cancer patients. Archives of General Psychiatry 47: 720–725.

Finer, B. (1980): Hypnosis and Anaesthesia. In: Dengrove, G.; Dennerstein, L. (Hg), Handbook of hypnosis and psychosomatic medicine. Amsterdam, S. 293–306.

Förster, H. von (1988): Das Konstruieren einer Wirklichkeit. In: Watzlawick, P. (Hg.), Die erfundene Wirklichkeit. München, S. 39–60.

Frese, M. (1998): Erfolgreiche Unternehmensgründer. Göttingen.

Fuchs, K. (1990): Existiert ein Einfluß von mit der Mutter durchgeführten Hypnosesitzungen auf das Wohlbefinden des Fötus innerhalb des Uterus? Experimentelle und klinische Hypnose 4: 1–6.

Gardner H. (1998): Dem Denken auf der Spur, 2. Aufl. Stuttgart.

Gerber, W. (1994): Schmerzzustände. In: Petermann, F.; Vaitl, D. (Hg.), Handbuch der Entspannungsverfahren. Weinheim, S. 74–89.

Glasersfeld, E. (1988): Einführung in den radikalen Konstruktivismus. In: Watzlawick, P. (Hg.), Die erfundene Wirklichkeit. München/Zürich.

Gomez, P.; Probst, G. (1987): Vernetztes Denken im Management. Die Orientierung 89. Bern.

Goleman, D. (1996): Haben Sie Ihre Gefühle im Griff? Psychologie Heute 2: 28–35.

Greif, S. (1991): Arbeit und Streß. Perspektiven. In: Greif, S.; Bamberg, E.; Semmer, N. (Hg), Psychischer Streß am Arbeitsplatz. Göttingen, S. 1–28.

Gröninger, S.; Gröninger-Stade, J. (1996): Progressive Relaxation. München.

Gruber, B. (1993): Immunological responses of breast cancer patients to behavioral interventions. Biofeedback and Self-Regulation 7: 1–22.

Hacker, W.; Raum, H.; Rentsch, M.; Völker, K. (1987): Bildschirmarbeit – Arbeitswissenschaftliche Empfehlungen. Die Wirtschaft. Frankfurt a. M.

Hahn, R. (1997): Nocebo: Der Glaube, der krank macht. Psychologie Heute Compact, S. 18–21.

Hall, N.; Kvarnes, R. (1991): Behavioral intervention and disease. Possible mechanismus. In: Carlson J.; Seifert A. (Hg), International Perspectives on Self-Regulation and Health. New York, S. 183–195.

Hamer, D.; Copeland, P. (1998): Die Suche nach dem Kern des Ich. Psychologie Heute 8: 21–25.

Hamer, D., Copeland, P. (1998): Das unausweichliche Erbe. Wie unser Verhalten von unseren Genen bestimmt ist. Bern.

Heide, F.; Berkovec, T. (1983): Relaxation-induced anxiety: Paradoxal anxiety enhancement due to relaxation training. Journal of Consulting and Clinical Psychology 6: 171–182.

Held, B.: The Importance of Kvetching in Theory, Research and Practice. Vortrag gehalten auf dem 104 Jahrestreffen der American Psychological Association

Hennig, J. (1998): Psychoneuroimmunologie. Gesundheitspsychologie, Bd. 9. Göttingen.

Hill, N. (1996): Denke nach und werde reich. Kreuzlingen.

Horsch, E. (1999): Das »Innere Team«: Wie Selbstgespräche unsere Kommunikation steuern. Psychologie Heute 3: 56–60.

Huber, A. (1995): Streßmanagement. Auf der Suche nach einer neuen Entspannungskultur. Psychologie Heute 10: 20–25.

Ikemi, J.; Nakagawa, J. (1962): A psychosomatic study of corageaous dermatitis. Kyushu Journal of Medical Sciences 8: 335–350.

Institut für Demoskopie Allensbach (1997): Glaube und Erfahrung diesseits der Esoterik – Eine Umfrage von 1997.

Jacobson, E. (1929): Progressive Relaxation. Chicago.

Jana, H. (1971): Cardiovascular and respiratory changes in suggested smoking. Journal of the American Institute of Hypnosis 7: 143–146.

Janet, P. (1926): De l'angoise a l'extase. Paris.

Kakuska, R. (1997): Im Museum des Positiven Denkens. Psychologie Heute 7: 63–65.

Kanfer, F.; Reinecker, H.; Schmelzer, D. (1991): Selbstmanagement-Therapie. Berlin/ Heidelberg.

Kanfer, F.; Goldstein, A. (1997): Methoden der Verhaltensänderung. München.

Klimecki, R.; Probst, G.; Eberl, P. (1994): Entwicklungsorientiertes Management. Bern.

Kobi, J.-M. (1990): Human Resources im kulturellen und strategischen Kontext. Die Orientierung. Bern.

Koch, H.; Keßler, N. (1998): Schreiben und Lesen in psychischen Krisen. Bd. I und Bd. II. Bonn.

Kossak, H. (1992): Studium und Prüfungen besser bewältigen. Neue Wege, mit Lern- und Leistungsproblemen in Schule und Studium umzugehen. Berlin.

Kossak, H. (1993): Hypnose. In: Vaitl, D.; Petermann, F. (Hg.), Handbuch der Entspannungsverfahren. Bd. 1: Grundlagen und Methoden. Weinheim, S. 132–166.

Kowalski, R. (1996): Complaints and complaining: Functions, antecedents and consequences. Psychological Bulletin 7: 9–14.

Kraiker, C. (1991): Agoraphobie. Fallbeschreibung. In: Peter et. al. (Hg.), Hypnose und Verhaltenstherapie. Bern, S. 46–54.

Krampen, G.; Ohm, D. (1994): Prävention und Rehabilitation. In: Petermann, F.; Vaitl, D. (Hg.), Handbuch der Entspannungsverfahren, Bd. 2: Anwendungen. Weinheim, S. 262–285.

Kunzelmann, K.; Dünninger, P. (1987): Kann man Funktionsstörungen mit hypnosuggestiver Therapie behandeln? Zahnärztliche Mitteilungen 19: 191–195.

Kupfer, P. (1993): Das Typ-A-Verhalten nach der Demontage – was bleibt? Bestandsaufnahme und aktueller Forschungstrend. Zeitschrift für Klinische Psychologie 12: 22–38.

Laurence, J.; Perry, C. (1983): Forensic hypnosis in the late nineteenth century. International Journal of Clinical and Experimental Hypnosis 31: 266–283.

Lazarus, R.; Folkman, S. (1987): Transactional theory and research on emotions and coping. European Journal of Personality 1: 141–170.

LeShan, L. (1997): Ich habe beschlossen um mein Leben zu kämpfen. Psychologie Heute Compact.

Lindemann, H. (1975): Überleben im Streß. Autogenes Training. München.

Linden, W. (1993): Meditation. In: Vaitl, D.; Petermann, D. (Hg.), Handbuch der Entspannungsverfahren, Bd. 1: Grundlagen und Methoden. Weinheim, S. 207–216.

Loehr, J. (1996): Die neue mentale Stärke. München.

Long, B.; Haney, C. (1988): Long-term follow-up of stressed working women. A comparison of aerobic exercise and progressive relaxation. Journal of Sport and Exercise Psychology 10: 461–470.

Mahoney, M.; Avener, M. (1977): Psychology of the elite athlete: An exploratory study. Cognitive Therapy and Research 1: 135–141.

Malik, F. (1999): Management-Perspektiven: Wirtschaft und Gesellschaft, Strategie, Management und Ausbildung, 2. Aufl. München.

Malik, F. (1999): Systemisches Management, Evolution, Selbstorganisation. Grundprobleme, Funktionsmechanismen und Lösungsansätze für komplexe Systeme. München.

Maslach, C.; Jackson, S. (1986): Maslach Burnout Inventory. Palo Alto.

Meichenbaum, D. (1997): Methoden der Selbstinstruktion. In: Kanfer, K.; Goldstein, A. (Hg.), Möglichkeiten der Verhaltensänderung. München, S. 407–450.

Miller, S.; Duncan, P.; Hubble, M. (2000): Jenseits von Babel. Stuttgart.

Mrochen, S.; Bierbaum, H. (1993): Einige Grundlagen der Kinderhypnose. In: Mrochen, S.; Holtz,, Trenkle, B. (Hg.), Die Pupille des Bettnässers. Heidelberg, S. 10–29.

Müller, T.; Elbert, T. (1994): Ärgerverarbeitung bei kardiovaskulär Erkrankten. Psychotherapie, Psychosomatik und medizinische Psychologie 44: 240–246.

Müller, T.; Rau, H.; Brody, S.; Elbert, T.; Heinle, H. (1995): The relationship between habitual anger coping stile and serum lipid and lipoprotein concentrations. Biological Psychology 41: 69–81.

Münch, F. (1990): Geburtshilfe. In: Revenstorf, D. (Hg.), Klinische Hypnose. Berlin, S. 355–362.

Nerdinger, F. (1994): Bedingungen und Folgen von Burnout bei Schalterangestellten einer Sparkasse. Zeitschrift für Arbeitswissenschaft 46: 77–84.

Newton, B. (1984): Hypnose in der Behandlung von Krebspatienten. Hypnose und Kognition 1: 5–16.

Nideffer, R. (1976): The Inner Athlete. Mind Plus Muscle for Winning. New York.

Nideffer, R. (1981): The Ethics and Practice of Applied Sport Psychology. Michigan.

Nitsch, J. (1981): Streßtheoretische Modellvorstellungen. In: Nitsch, J. (Hg), Streß. Theorien, Untersuchungen, Maßnahmen. Bern, S. 52–141.

Nuber, U. (1997): Guten Morgen liebe Sorgen. Psychologie Heute 4: 20–28.

Öhlschläger, R. (1995): Freie Wohlfahrtspflege im Aufbruch. Ein Managementkonzept für soziale Dienstleistungsorganisationen. Frankfurt a. M.

Ohm, D. (1997): Lachen, lieben, länger leben. Ludwigsburg.

Orne, M.: Kann man unter Hypnose jemanden zwingen, etwas zu tun, was er sonst nicht tun würde? Experimentelle und Klinische Hypnose 1: 19–33.

Ornish (1992): Revolution in der Herztherapie. Stuttgart.

Pennebaker, J. (1993a): Putting stress into words. Health, linguistic and therapeutic implications. Behavior Research and Therapie 31: 539–548.

Pennebaker, J. (1993b): Social mechanisms of constraints. In: Wegner, D.; Pennebaker, J. (Hg.), Handbook of Mental Control. New York, S. 200–219.

Peter, B.; Gerl, W. (1984): Hypnotherapie in der psychologischen Krebsbehandlung. Hypnose und Kognition 1: 56–69.

Petermann, F.; Vaitl, D. (2000): Handbuch der Entspannungsverfahren, Bd. 2: Anwendungen. Weinheim.

Petermann, U. (1996): Entspannungstechniken für Kinder und Jugendliche. Weinheim.

Purdon, C.; Clark, D. (1993): Obsessive intrusive thoughts in nonclinical subjects. Part I. Behaviour Research and Therapy 31: 713–720.

Purdon, C.; Clark, D. (1994): Obsessive intrusive thoughts in nonclinical subjects. Part II. Behaviour Research and Therapy 32: 403–410.

Pfaffenrath V.; Gerber W.-D. (1992): Chronische Kopfschmerzen. Stuttgart.

Saum-Aldehoff, Th. (1998): Der Mythos von der Macht der Eltern. Psychologie Heute 8: 26–31.

Revenstorf, D.; Zeyer, R. (1997): Hypnose lernen. Heidelberg.

Rimé, B. (1994): The social sharing of emotional experiences as a source for the social knowledge on emotion. Vortrag anläßlich der NATO-Tagung: »Everday Concepts of Emotion« Almagrado, Spanien.

Rimé, B. (1995): Mental rumination, social sharing and the recovery from emotional exposure. In: Pennebaker, J. (Hg.), Emotion, Disclosure and Health. Washington, S. 115–123.

Roberts, A. (1973): Voluntary control of skin temperature: Unilateral changes using hypnosis and feedback. Journal of Abnormal Psychology 82: 163–168.

Rosch, P. (1995): Die Kunst des Müßiggangs. Psychologie Heute 10: 29–31.

Rothfuß, R. (1999): Burnout-Syndrom im Finanzdienstleistungsbereich. In: Nickel, U.; Mollenhauer, R. (Hg.), Psychische Belastungen in der Arbeitswelt. Bremerhaven, S. 153–172.

Rowe, D. (1997): Genetik und Sozialisation. Die Grenzen der Erziehung. Weinheim.

Salkovsky, P.; Campell, P. (1994): Thought suppression induces intrusion in naturally occurring negative intrusive thoughts. Behavioral Research and Therapy 32: 1–8.

Salkovsky, P.; Reynolds, M. (1994): Thought suppression and smoking cessation. Behavioral Research and Therapy 32: 193–201.

Schaffelhuber, S. (1991): Inner Coaching für Manager. München.

Schedlowski, M. (1994): Effects of behavioral intervention on plasma cortisol and lymphocytes in breast cancer patients: An exploratory study. Psycho-Oncology 7: 181–187.

Schedlowski, M.; Tewes, U. (1996): Psychoneuroimmunologie. Heidelberg.

Scheich, G. (1997): Vorsicht: Positives Denken kann Ihre Gesundheit gefährden. Psychologie Heute 7: 60–63.

Schein, E. (1995): Unternehmenskultur. Handbuch für Führungskräfte. Frankfurt a. M..

Schmidt, G. (2000): Wahrgebungen aus der inneren und äußeren Welt des Therapeuten. Familiendynamik 25: 177–205.

Schneck, J (1980): Hypnotherapy for narcolepsy. International Journal of Clinical and Experimental Hypnosis 28: 95–100.

Schönpflug, W.; Schulz, P. (1979): Lärmwirkung bei Tätigkeiten mit komplexer Informationsverarbeitung. Berlin.

Schrader, C. (1999): Zu krank für die Karriere? manager-magazin 1: 19–22.

Schultz, J. (1932): Das Autogene Training. Leipzig/Stuttgart.

Schulz, K.; Schulz, H. (1996): Effekte psychologischer Intervention auf Immunfunktionen. In: Schedlowski, M.; Tewes, U. (Hg.), Psychoneuroimmunologie. Heidelberg, S. 477–500.

Schulz von Thun, F. (1998): Miteinander reden 3. Weinheim.

Schwartz, R. (1997): Systemische Therapie mit der inneren Familie. München.

Seghezzi, H. (1996): Integriertes Qualitätsmanagement. Das St. Galler Konzept. München.

Senge, P. (1996): Die fünfte Disziplin. Stuttgart.

Senge, P. (1994): The Fifth Discipline Fieldbook. Strategies and Tools for Building a Learning Organization. New York.

Simonton, C. (1995): Auf dem Wege der Besserung. Hamburg.

Sprenger, R. (1995): Das Prinzip Selbstverantwortung. Wege zur Motivation. Frankfurt/New York.

Stierlin H.; Großarth-Maticek, (1998): Krebsrisiken und Überlebenschancen. Wie Körper, Seele und soziale Umwelt zusammenwirken. Heidelberg.

Stöber, J. (1997): Don't worry? Oder: Wann Sorgen einen Sinn haben. Psychologie Heute 4: 26–28.

Stroebe, W.; Stroebe, M. (1998): Lehrbuch der Gesundheitspsychologie. Frankfurt a. M.

Suls, J.; Wan, C; Costa, P. (1995): Relationship of trait anger to resting blood pressure: A meta-analysis. Health Psychology 14: 444–456.

Tait, R.; Silver, R. (1989): Coming to terms with major negative life events. In: Uleman, S., Bargh, J. (Hg.), Unintended Thought. New York, S. 351–381.

Tallis, F., Eysenk, M. (1994): Worry: Mechanism and modulating influences. Behavioral and Cognitive Psychotherapie 8: 13–22.

Taylor, S.: Harnessing the Imagination. Vortrag auf der 105 Convention der American Psychological Association.

Thayer, R.; Newman, R.; McClain, T. (1994): Self-regulation of mood: Strategies of changing bad mood, raising energy and reducing tension. Journal of Personality and Social Psychology 67: 97–104.

Traue H. (1998): Emotion und Gesundheit. Heidelberg/Berlin.

Vaitl, D.; Petermann, F. (2000): Handbuch der Entspannungsverfahren, Bd. 1: Grundlagen und Methoden. Weinheim.

Varela, F. (1997): Principles of Biological Autonomy. New York.

Vögele, C. (1993): Psychosozialer Streß und Herz-Kreislauf-Erkrankungen. Spektrum der Wissenschaft 5: 100–106.

Wagner-Link, A. (1996): Sackgasse Streß. Stuttgart.

Wain, H. (1984): Cardiac arrhythmias and hypnotic intervention: Advantages, disadvantages, precautions and theoretical considerations. American Journal of Clinical Hypnosis 26: 1–4.

Watzlawick, P. (1988): Die erfundene Wirklichkeit. Wie wissen wir, was wir zu wissen glauben? München.

Wegner, D. (1989): White Bears and other Unwanted Thoughts. Suppression, Obsession and the Psychology of Mental Control. New York.

Wilk, D. (1998): Die alltägliche Anwendung von Entspannungsverfahren ist abhängig von einer verständlichen und erfahrungsnahen Vermittlung. Report Psychologie 7: 24–28.

Williams, R.; Williams, V. (1999): Life Skills. New York.

Wolf, A. (1996): Ärger – Was tun gegen das Killer-Gefühl. Psychologie Heute 4: 20–27.

Wolf, A. (1997): Unser traumhafter Alltag. Psychologie Heute 12: 20–27.

Wrigt, N. (1997): Resilience. Rebounding When Life's Upsets Knock You Down. Michigan.

Yerkes, R.; Dodson, J. (1908): The relationship of strength of stimulus to rapidity of habit formation. Journal of Comprehensive Neurology and Psychology 3: 459–482.

Zänker, K. (1996): Klinische Aspekte psychoneuroimmunologischer Forschung in der Onkologie. In: Schedlowski, M.; Tewes, U. (Hg.), Psychoneuroimmunologie. Heidelberg, S. 563–576.

Zempel, J.; Frese, M. (1997): Arbeitslose: Selbstverantwortung überwindet die Lethargie. Psychologie Heute 6: 36–41.

Erfolg ist lernbar

Ralf Mehlmann / Oliver Röse
Das LOT-Prinzip
Lösungsorientierte Kommunikation
im Coaching, mit Teams und
in Organisationen
2000. 130 Seiten mit zahlreichen
Abbildungen, kartoniert
ISBN 3-525-45853-3

Rolf Frester
Erfolgreiches Coaching
Psychologische Grundlagen für
Trainer
2000. 112 Seiten mit 24 Abbildungen
und 3 Tabellen, kartoniert
ISBN 3-525-49003-8

Thomas Wörz / Egon Theiner
**Erfolg durch
Selbstmanagement**
in Leistungssport und Berufsleben
1999. 103 Seiten mit 20 Abbildungen,
kartoniert. ISBN 3-525-49001-1

Andreas Manteufel /
Günter Schiepek
Systeme spielen
Selbstorganisation und Kompetenz-
entwicklung in sozialen Systemen
1998. 237 Seiten mit 31 Abbildungen
und 4 Tabellen, kartoniert
ISBN 3-525-45821-5

Willy Christian Kriz
**Lernziel:
Systemkompetenz**
Planspiele als Trainingsmethode
2000. 298 Seiten mit 115 Abbildungen
und 1 Tabelle, kartoniert
ISBN 3-525-45869-X

Uwe Schaarschmidt /
Andreas W. Fischer
**Bewältigungsmuster
im Beruf**
Persönlichkeitsunterschiede
in der Auseinandersetzung
mit der Arbeitsbelastung
2001. 177 Seiten mit 86 Abbildungen
und 6 Tabellen, kartoniert
ISBN 3-525-45880-0

Ralph Hannes
**Glück ist keine
Glückssache**
Ein Lese- und Lernbuch
Transparent 60.
2000. 165 Seiten mit 9 Abbildungen,
kartoniert
ISBN 3-525-01737-5

V&R
Vandenhoeck
& Ruprecht